透过地理看历史

HISTORY IN A WAY OF GEOGRAPHY

历史

地理

李不白 著

台海出版社

图书在版编目（CIP）数据

透过地理看历史 / 李不白著. —2版. — 北京：台海出版社，
2020.11（2024.7重印）
ISBN 978-7-5168-2786-4

Ⅰ. ①透… Ⅱ. ①李… Ⅲ. ①中国历史－研究 Ⅳ. ①K207

中国版本图书馆CIP数据核字（2020）第208934号

审图号：GS（2019）4419号

透过地理看历史

著　　者：李不白	
出 版 人：蔡　旭	封面设计：宋　涛
责任编辑：员晓博	

出版发行：台海出版社

地　　址：北京市东城区景山东街 20 号　　邮政编码：100009

电　　话：010 － 64041652（发行，邮购）

传　　真：010 － 84045799（总编室）

网　　址：www.taimeng.org.cn/thcbs/default.htm

E － mail：thcbs@126.com

经　　销：全国各地新华书店

印　　刷：大厂回族自治县德诚印务有限公司

本书如有破损、缺页、装订错误，请与本社联系调换

开　　本：710mm × 1000mm　　　　　1/16

字　　数：200 千字　　　　　　　　印　　张：13.5

版　　次：2020 年 11 月第 2 版　　　印　　次：2024 年 7 月第 10 次印刷

书　　号：ISBN 978-7-5168-2786-4

定　　价：48.00 元

序

中国是个喜欢记录历史的国家，我们的文化离不开历史，要了解我们的文化，读历史是一项必不可少的功课。中国人常讲："文以载道。"这个道，是治国之道，要了解治国之道不可不读史。以此而言，读书更要读史。可我们的历史书又太多，几千年下来，积攒的历史书可谓汗牛充栋，我们读的时候常常无从下手，偶尔翻阅几本，也只是九牛之一毛，抓不住要点。单是把一个朝代的历史搞清楚就已经是件不容易的事，何况几千年朝代更迭，各种事件循环往复、似是而非，往往弄得我们云里雾里。

其实三千年也好，五千年也罢，中国的历史不管怎么朝代更迭，它都有一个内核没变，这就是地理。地理相对历史而言，它的变化极小，而中国的地形又很特殊，不管几千年的历史如何风云变幻，争斗的目标都是围绕着几个大的地理单元。这几个大的地理单元大致划分为：荆楚（荆州、荆襄）、关中、江东（江南）、山西、河北、中原、山东、两淮、巴蜀、百越、云贵、河套、河西走廊、西域、塞北（蒙古高原和东北平原）等。

如果仅就几个核心地区而言，它们恰好呈"井"字形分布：

"井"字格局很好地反映了它们之间的地理关系，而各个地理单元也都有各自的特点，简单来说就是：

中原：自然是各个势力争斗的焦点，历来有"得中原者得天下"之说；

关中：易守难攻，是最有可能称王称霸的地方；

山东：有山而又靠海，形成很多天然的良港，有渔盐之利，经济价值巨大；

荆楚：鱼米之乡，南方政权的门户，对江东具有地理上的优势；

江东：南方政权的大本营，中国最富庶的地方，能供养整个国家的中央系统；

巴蜀：天府之国，中国的粮仓，又处于长江上游，对下游的荆楚和江东具有地理上的优势；

山西：自成一体，四面有高山阻隔，战争时期的避乱所，北部的大同盆地是中原农耕文明和北方游牧民族争夺的战场；

河北：仅次于中原的平原地区，产粮大户，北部的蓟城（今北京）是抵抗游牧民族的重镇。

河套：塞外江南，同样是中原农耕文明和北方游牧民族争夺的战场。

当然在这张简图中，有些区域弱化了。比如两淮，淮北被划到了山东，淮南被划到了江南；事实也如此，在历史上，两淮经常分属山东和江南控制。还有汉中，可以归为巴蜀的一部分，因为汉中很容易被巴蜀的势力控制。

搞清楚了这几个地理单元的特点，我们再来看中国的历史，仿佛厚厚的典籍变薄了，历史并不复杂，它离我们也不远，仿佛就发生在我们眼前。

我试图在以下的几个章节中，以各大地理单元为核心，以中国历史上的典型事件为纵线，给大家重新疏理一下中国历史。

我希望，我的这点儿读书心得，能对各位读者有所帮助。让大家以后在看历史书籍时，不要在浩瀚的历史典籍中迷失了方向，而是在心里有一个大致的架构，任何历史事件在这个架构里，都能找到它的坐标。或者你仅仅是想了解一点历史典故，那也不妨一看。

李不白

2019 年 9 月 19 日 于北京

目 录

Contents

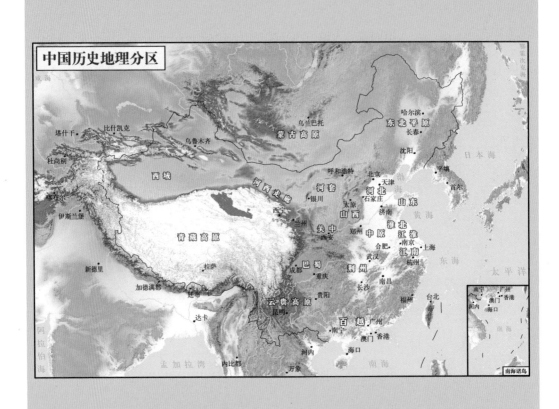

中国历史地理分区

第一章　三国古战场，荆州在哪里

有人做过统计，《三国演义》一百二十回，其中有七十多回提到了荆州，足见荆州在三国时期的重要性。首先可以肯定一点，三国时的荆州不是现在的荆州，现在的荆州三国时期叫江陵，属于南郡，唐朝时才叫荆州，南宋时称江陵府，明朝时又改为荆州府。三国时期的行政区划分为三级：州、郡、县。州的长官叫刺史或州牧，郡的长官叫太守，大县的长官叫县令，小县的长官叫县长。也就是说，三国时期，江陵是个县，是南郡的首府（古称治所），南郡又属于荆州，荆州的首府在襄阳，是这样一种隶属关系。

我们知道，秦始皇统一全国的时候，改分封制为郡县制，当时全国地方行政只有郡县两级，为什么到了汉朝又在它上面出现了一个州呢？

这么说吧，皇帝一个人管着全国那么多的郡、县（最开始郡县还不是隶属关系），很累，又不放心，于是就派了几个人到地方去看管这些郡县，这几个人就叫刺史，他们看管的这一片土地就叫作州。时间长了，刺史就坐镇地方不回来了，成了实际上的地方大员；本来是中央下设的监察机构，结果权力越来越多，也越来越大，最后成了与中央抗衡的地方政府。后来唐朝时的道、宋朝时的路、元明清时的省，都是沿着这个规律变化的，开始是中央为了监察地方，最后成了最高一级的地方政府。比如我们今天的省，是从元朝开始的，当时叫行省，全称是行中书省，因为中央有个中书省，行中书省就是代理中央到地方行使权力，最后行省慢慢发展，就变成地方政府了。我们再看清朝时一省之长叫什么？巡抚！巡察安抚地方的意思，其本意也是中央派驻地方的御史，最后却成了地方政府的首脑。

这也是为什么州后来从一个行政区划变为一个城市的原因，前朝设置的州变成了地方政府，后朝就缩小州的管辖范围，另起炉灶设道，设路，设省，目的是替代原来的州，其结果却是一样，中国的历史总是这样循环往复。

九州的称谓来自大禹，传说大禹建立夏朝时，把天下划分为九州，所以中国又称九州。大禹还让每州的州牧献出当时很金贵的青铜，铸成九鼎，象征着权力。而三国时期共有十三个州，荆州只是其中之一。

比方说：还有我们比较熟悉的青州，在山东一带，曹操在山东起家，他手下的兵就叫青州兵。马超在凉州，今甘肃一带，是最西边的一个州，所以他手下的兵叫西凉兵。董卓也是来自凉州。凉州靠近羌人聚集的地方，羌人会养马，所以骑兵很厉害。四川为益州，治所是成都，诸葛亮曾对刘备说："益州险塞，沃野千里，天府之土，高祖因之以成帝业。"诸葛亮一生的愿望就是，让刘备仿效他的先祖刘邦，先占有巴、蜀、汉中，然后夺取关中，从关中出函谷关平定中原，最后一统天下，光复汉室。

还有陶谦让徐州，让的可不是一个城市，而是淮北一大片领土。当时刘备离开涿郡已有十年，大大小小的仗也打了无数，军功也不少。在各路诸侯纷纷抢占地盘的时候，他却连个落脚的地方都没有。这个时候陶谦要把徐州让给刘备，你说他能不动心吗？简直就是雪中送炭！还有河北称冀州，河南称豫州，江南称扬州（也不是今天的扬州），等等。

荆州的得名，源自从襄阳到江陵的一条大道西侧的一座山，叫荆山。楚国以南蛮自居，周朝时周天子就称之为荆蛮，所以这一片土地也常称为荆楚大地。又因为治所在襄阳，故而又称荆襄之地。

所以荆州实际上相当于我们现在的省级行政区，当然比现在的省大很多，主要包括现在的湖南、湖北，还有周边一部分，特别是河南的南阳地区。南阳当时称宛城，宛城连接着中原。

三国时最重要的战争"赤壁之战"就发生在荆州。可以说，在赤壁之战前，还不叫三国，曹操一家独大，东吴相对弱小，西边还有关中的马腾、汉中的张鲁、益州的

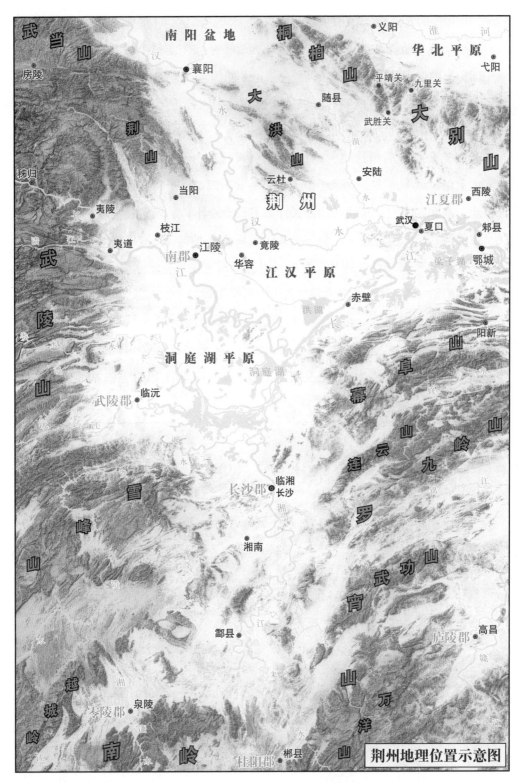

荆州地理位置示意图

刘璋，最可怜的刘备连个落脚的地盘都没有；赤壁之战后，才形成三足鼎立之势。

赤壁之战之所以这么重要，是因为它改变了东汉末年整个战争的格局，也改变了中国历史的进程。而这其中，有一个很重要的因素就是荆州独特的地理位置。

荆州这块地方有多重要？可以这么说，在中国几千年的历史中，要想统一中国，就必先取荆州，而谁掌握了荆州，谁就拥有了夺取天下的主动权。

我们先来看看荆州这块土地的地形。整个荆州地区（主要指湖南、湖北，不含河南南阳盆地等地方）就像一个大口袋，襄阳就是这个口袋的出入口。中间是江汉平原、洞庭湖平原，东西两边沿长江各有一个小出口，西边是三峡，东边是沿九江一带的河谷。其他的地方，全部被大山包裹得严严实实，进出极其艰难。我们知道，平原地区产粮，有粮就可以养兵。何况荆州这个地方雨水多，水稻一年两熟，所谓"湖广熟，天下足"（清朝时的湖广包括湖南和湖北，实际就相当于荆州）。荆州既能养兵，又好防守，可谓得天独厚。从整个中国的形势上看，一旦控制了荆州，就可以越过长江天险，顺江而下控制江东，进而控制整个中国的南方地区。

而这里最重要的据点，就是襄阳，襄阳不仅是荆州的关键所在，也是整个中国

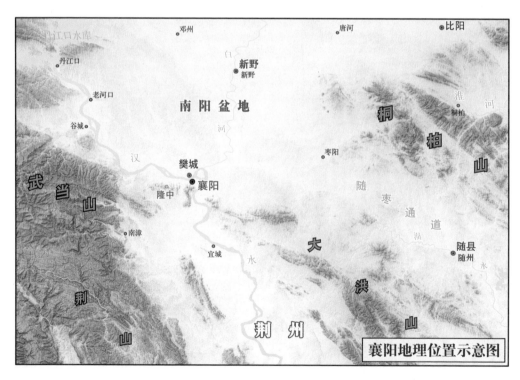

襄阳地理位置示意图

的腰眼。

我们再来看襄阳的地形，左边的大巴山脉（武当山、神农架、荆山、巫山）是连绵不绝的高山深谷，右边是桐柏山和大别山。大别山像一条东西走向的长城一样，正好把中原和两淮挡在外面，一直延伸到合肥附近。为什么孙权一辈子都在打合肥？就是因为合肥是荆州与江东、两淮的连接点。所以守荆州，只需守好三个点：北部出口襄阳是重点，西部是三峡通道，比较好守，东部从合肥到九江，沿长江是条河谷，这条河谷跟三峡比起来宽多了，但也比较好守。

襄阳又是个天然的军事要冲，处于武当山和桐柏山之间，这个口子不大，只要守住了襄阳，就守住了荆州。襄阳城位于汉水边上，交通便利，隔河相望的是樊城，二城成犄角之势，互相照应。襄阳曾经有一段时间叫襄樊，就是把二者的名字合在一起了，现在又改回来了。这样我们也就理解了乱世之中为什么刘表要把荆州的治所从江陵迁到襄阳，诸葛亮为什么在这里等着别人三顾茅庐，而不是在江陵，因为谁控制了襄阳，谁就控制了荆州的咽喉，谁就有夺取天下的希望。可惜刘表胸无大志，诸葛亮没看上眼，不然就轮不上刘备了。曹操手下人才太多，去了也排不上座，没什么意思。所以，诸葛亮在隆中（襄阳城西十千米）躬耕不是巧合，是从战略眼光出发的有意考量，如果他去江陵附近种地，三分天下就没他什么事了。在襄阳种地，他就是卧龙，随便找个地方种地，那就是真的农民了。

总之，襄阳一旦失守，江陵就难以独存，整个荆襄九郡就会全部沦陷。

曹操打下襄阳，控制了荆州，下一个目标自然是顺江而下，消灭东吴。当时刘备还没有立足之地，曹操也根本没把他放在眼里。但最后，曹操却在赤壁之战大败，这实在是历史上的一个偶然。要问曹操是怎么死的，我看是冤死的。因为在历史上夺取荆襄，继而统一全国的事就顺理成章地发生过无数次。

首先是楚国，在春秋时期，楚国核心地盘就大致相当于荆州。楚国首都在郢城，也就是后来的江陵，现在的荆州市。所以江陵自古就是荆州地区的重镇。这里四面平坦，靠近长江和云梦泽，是个屯兵的好地方。要知道屯兵之地必须是产粮区，山区是屯不了兵的。楚国先是同巴人作战，控制了长江三峡。东面控制了合肥一带的江淮地区，也就是伍子胥过昭关的那个地方。北面控制了襄阳——当时还没有襄阳这个城市，在樊城这个位置有个邓国，楚国灭了邓国，据为己有，就以此为据点，北可以问鼎中原，南可以守住楚国的门户，可以说得心应手，进退自如。整个春秋时期其实就是楚国和中原诸侯争霸的斗争，先是和齐国争，后来和晋国争。

吴国曾经打败过楚国一次，就是伍子胥回来报仇的那一次，楚国差一点被灭国。但是，一旦楚国恢复元气，就仗着地理上的优势，一口气把江东和两淮全部吃掉，成为诸侯国中的超级大国。

至于后来秦国攻打楚国，主要就是从襄阳进兵。秦国在灭六国之前，先占领了汉中和巴蜀，也成为一个超级大国，然后兵分两路攻入郢都，一路出武关从邓县（原邓国）南下，一路从巴蜀沿三峡水路东进，迫使楚国迁都到淮河边上的寿春，这时楚国的地盘就只剩下江东和两淮了。其实这个时候就注定了楚国的命运，也注定了六国的命运，后面的灭国只不过是收尾工作。楚国再强，没有荆州，单靠江东和两淮是撑不住的。秦国有了荆襄，吞并江东和两淮是早晚的事。

这里其实演习了两遍，一是楚国灭吴越，一是秦国最后灭楚，都是从荆州沿长江而下，占领江东和两淮。你看，历史经常重演，只要具备了相同的地理要素，时机一到，自然触发。

再就是南宋时期，蒙古人南下的时候，在襄阳这个地方前后打了几十年，最后一战打了六年，终于把襄阳围住了，使襄阳城孤立无援，内无粮草，外无救兵，最后只能投降。我们知道，以蒙古人的强悍，横扫欧亚大陆所向披靡，在一座城池耗费六年的时间是绝无仅有的。当然我们可以解释说有其他的种种原因，但也足以说明襄阳对蒙古和南宋的重要性。蒙古人夺取了襄阳，就能征服南方。南宋丢了襄阳，就丢了整个国家。

蒙古人为什么不从别的地方，非要从襄阳这里进攻？前面讲过，襄阳这个地方的地形，它是一个小缺口，附近没有别的地方可以大规模用兵，蒙古人要南下，必须先占领襄阳。

说到蒙古人打襄阳，我们就会想到金庸先生的《神雕侠侣》，这本小说里面很多大事件都发生在襄阳。但在历史上，襄阳的守将可不是郭靖、黄蓉，而是吕文焕，他的哥哥叫吕文德（小说里他是襄阳守将，是个窝囊废）。历史上，吕文德是南宋的重臣，也是抗蒙名将，还是宰相贾似道的亲信。吕文德先后转战江淮、荆襄和四川，和蒙古人作战几十年，也提拔了一大批吕家的亲戚，吕文焕就是其中之一。吕文德和吕文焕先后守襄阳，立下了不少战功。吕文德病死后，襄阳城孤立无援，吕文焕就投降了蒙古人，并成为蒙古人攻打南宋的急先锋，一直打到南宋的首都临安（今杭州），后来官至元朝的中书左丞。吕文焕本是抗蒙的英雄，但因为后来当了汉奸，所以他才应该在小说中成为丑角，而不该是吕文德。

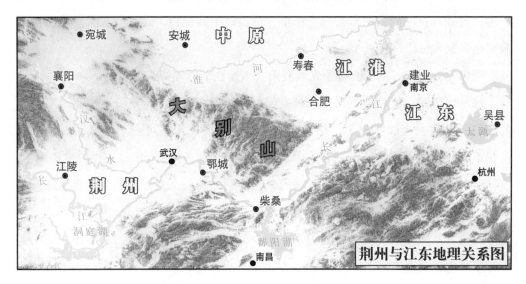

荆州与江东地理关系图

从地图上看，杭州和襄阳根本不在一条纵线上，一个在东，一个在西，东西相差七百多千米，蒙古人既然是打南宋，从东边的两淮打杭州不是更直接？为什么非要从襄阳这里绕过去打？

有三个原因：

第一，两淮地区河网密布，行军极为困难，蒙古人以骑兵为主，讲究速战速决。行军还是其次的，主要是粮草辎重运输不便。要知道在古代战争中，粮草是非常关键的因素，所谓"兵马未动，粮草先行"。古代的运输方式落后，一万斤粮食运出去，能有一半运到战场上就不错了，路上丢的、被抢的不计其数，所以战争是非常消耗粮食的。还有辎重，像攻城车、投石车、扎营要用的帐篷等，这些东西要运过去，对道路的要求更高了。

第二，就算蒙古人先占领淮河，前面是长江天堑，水师不行，要过长江不容易。我们来假设一下，这时如果蒙古人屯兵长江北岸，南宋的兵马就可以兵分两路包抄，一路从襄阳向东，沿淮河截断蒙古人的后路，另一路从江南攻击蒙古人的前方。两面夹击，蒙古人就惨了。

第三，也是最重要的原因，两淮离江南近，无论是东吴也好，南宋也好，都会派重兵把守。这里又有运河相连，从春秋时期开始，吴王夫差就修建了邗沟，把长江和淮河连在了一起，水路运输十分发达，兵马、粮草、辎重的支援也十分便捷。如果从这里进攻，双方就会形成拉锯战，今天你打过来，明天我打过去，伤敌一千，自损八百，最后双方都损失惨重，谁也讨不到便宜。这种战法劳民伤财，历来都是兵家大忌。

所以蒙古人要打南宋，必须先取襄阳，单走江淮行不通。

那从西边呢，从关中下汉中，再取四川，然后顺江而下？这一路山高险阻，极其难打，蒙古人也确实打了，结果大汗蒙哥就死在四川。可对于曹操来说这条路线却不现实，当时马腾还占据着关中，汉中有张鲁，西川有刘璋，张鲁、刘璋不足惧，但关中却不是一天两天能打下来的，尤其是马腾有个儿子马超，骁勇异常，曹操后来吃过他不少亏。而当时荆州刺史刘表刚死，内部又正在夺权内讧，正是进攻的好时机。从战略上讲，先打襄阳一点问题都没有，打下襄阳，占领荆州，顺江而下打东吴也就顺理成章了。

最保险的办法是三条线路同时进攻，以襄阳为主，左右两侧呼应，后来的西晋就是这么做的。赤壁之战后，曹操才醒悟过来，不再急着吞并江南，先平定西边再说，于是主力去攻打关中，南方以守为主，所以关羽才能在荆州守这么多年。

后来抢荆州杀关羽的并不是曹魏，而是曾经的盟友东吴。这两家本来关系好好的，为什么东吴非要跟刘备过不去？因为刘备占据着荆州，东吴就睡不好觉。

说完了襄阳，让我们把目光往南移。

从襄阳到江陵，沿着荆山，是一条南北走向的通道，当阳就在这条线上（今当阳以东，荆门以南，张飞在这里喝断了长坂桥）。再往南一点就是麦城，当阳只是个小县城，麦城比当阳还小，连县城都算不上，关羽最后退守麦城，实在是穷途末路了。最后败走麦城的事，我们都知道，就不再赘述。

麦城往南不远，就是江陵。补充一点，今荆州市东南方，也在长江边上，有个江陵县，和当时的江陵没什么关系，它对岸的公安县倒是历史悠久，和当时的江陵隔江相望，成掎角之势；同样，再往南的华容县也不是曹操败走的华容，当时的华容在现在的潜江附近。

好，话说回来。曹操刚占领襄阳的时候，刘备带着军队和百姓一路南逃，为什么会走到当阳这个地方？这说明刘备一开始是想逃往江陵的，反正刘表一死，荆州易主，一片混乱，这个时候如果能占领江陵，还能抵挡一阵子。可惜他跑得太慢，又带着百姓，加上曹操攻势太猛，后来一看形势不利，就从当阳这里拐了个弯，向东去江夏找刘琦了。

刘琦当时是江夏郡的太守，这还是诸葛亮出的主意。

当刘表病重的时候，蔡氏开始夺权。其实刘琦、刘琮都是刘表原配生的，蔡夫人是他们的继母，但刘琮的妻子是蔡夫人的侄女，所以蔡夫人偏爱刘琮，想废长立幼，让刘琮继位。通常废长立幼，这长子就只有死路一条。刘琦感到性命不保，就找诸葛亮求救，诸葛亮一开始再三推脱，说这是你们的家事，外人不便参与。其实呢，这蔡夫人还是诸葛亮的老婆黄月英的小姨，算是很近的亲戚了，诸葛亮确实不便参与。后来刘琦使了一计，我们看小说里描写的，他把诸葛亮骗上楼，派人抽走了梯子，然后跪下。说这里没有第三人，出你之口，入我之耳，不会有第三个人知道，不然我就不起来，你没梯子也走不了。诸葛亮无奈，就说了一句："申生在内而亡，重耳在外而安！"

诸葛亮这句话又牵扯到另外一个故事，整个故事很长，我就简单说一下。春秋的时候，晋国内乱，晋献公的几个儿子夺位。申生是嫡长子，本来最有资格继位，却在夺位的过程中死了；二儿子重耳出逃，在外流亡了十九年，一直到晋献公几个儿子斗得你死我活，几乎没有继承人的时候才回国继位。他就是大名鼎鼎的晋文公，后来当上了中原的霸主。

诸葛亮的意思很明显，就是说，刘琦你快逃吧，有机会就回来，没机会就在外面待着。诸葛亮还给刘琦出了个主意，说江夏挨着东吴，防守空虚，刘表总担心东吴乘虚而入，如果你这时候向你父亲请示去防守江夏，解决他的心头之患，他肯定答应。刘琦就按照诸葛亮的主意，果然就去守江夏了。诸葛亮这个主意，既保全了刘琦的性命，也不至于得罪蔡夫人，最终还给刘备留了一条后路，可谓一箭三雕。

刘琦看在诸葛亮的面子上，也不得不收留刘备。况且，仅凭他的能力，曹操一来，江夏也保不住。

江陵是荆州产粮养兵的地方，只要守住了襄阳，江陵的兵源和粮草就会源源不断地补充上来。当阳和麦城都是这条线上的中转站。如果襄阳丢了，江陵很难守住。关羽守荆州的时候，襄阳在曹操手上，能守五年，可以说非常不容易。

到了江陵，就到了长江边上，我们就沿着长江说说几个重要的城市。

夷陵，就是现在的宜昌。夷陵这个名字是怎么来的呢？是因为它的地形，用一句话概括就是"水至此则夷，山至此则陵"。万里长江经过三峡后到了这里，水变得平缓了，山变得像丘陵了，再往前就是江汉平原。

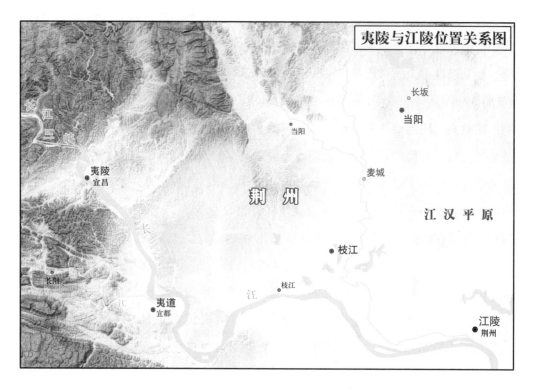

这里需要解释一下，"陵"字最早的意思就是大土山，我们常说的山陵、丘陵就是这个意思。后来的帝王们死后都喜欢找个风水宝地，这些风水宝地一般处于山地与平原的交界处，也就是丘陵地带。因为这种地方从科学的角度上讲都处于坡地，排水快，不容易积水，棺椁不容易腐烂。帝王埋葬后，还要把土回填，成山陵状，本意也是利于排水，于是也叫陵。慢慢地，"陵"好像成了帝王陵墓的专用词。虽然夷陵也的确是楚国先王们的埋葬地，但夷陵的名称来源和楚王墓没有关系，在早期，有很多叫陵的地名，比如夷陵往上一点的西陵峡，也是和山陵有关，与陵墓无关。

夷陵控制长江三峡的出口，与江陵有长江相连，补给十分方便，而它的上游，就是著名的长江三峡，所以这里也是易守难攻。白帝城就在三峡，"朝辞白帝彩云间，千里江陵一日还"说的就是这段水路：早上坐船从白帝城出发，晚上就到江陵了。东吴攻占荆州，先占领江陵，然后很快就控制了夷陵，等于是切断了关羽的退路。这个时候，关羽手下的兵将哪里还有什么战斗意志！后来刘备派大军从蜀汉出发，为关羽报仇，东吴大将陆逊就是守在这里，把出口死死堵住。刘备想进攻又过不去，后面到成都是长长的峡谷，补给十分困难，所以在这里发生了火烧连营（史称夷陵之战）的故事。这一仗，刘备败得很惨，一气之下就死了，蜀汉也元气大伤。从地形上看，陆逊即使不用火烧，只要守住了夷陵这个出口，时间一长，刘备的军队不是战死就是饿死，总之失败是必然的。后来刘备撤退到白帝城，陆逊不敢追，也是这个原因，峡谷里行军难，运粮更难，逆水而上，一旦中了埋伏，后果不堪设想。《三国演义》里说诸葛亮在这里布了八阵图，能抵十万精兵，其实还是地形的作用，诸葛亮可不是刘璋，刘备从这里入川打刘璋没问题，陆逊要是敢从这里进攻蜀汉，那就是找死。

　　夏口，属江夏郡，就是现在武汉这个地方。在古代，武汉正好处于云梦泽当中。三国的时候，云梦泽刚刚沉积下来，但还不是很稳定，所以当时这个地方还只是个小地方，刘琦就驻扎在这里，后来与逃跑的刘备合兵在一起。孙刘联合后，刘备就驻守在夏口这里，当时刘琦已经病重，刘备成了江夏的实际主人。

　　汉水从遥远的汉中出发，经过襄阳，最后在这里汇入长江。这样看来，襄阳不仅有陆路南下到江陵，还因靠着汉水，可以走水路到长江，再经夏口到江陵。所以夏口也是一个很重要的地方。现在的武汉包括武昌、汉口、汉阳三镇，主要是在元朝以后发展起来的。元朝以前，中国中部地区的纵向主线是洛阳—宛城—襄阳—江陵，杜甫有诗："即从巴峡穿巫峡，便下襄阳向洛阳。"元朝以后，武汉成了中国中部的重镇，取代了襄阳和江陵的位置。所以在近代，很多大事都发生在这里，最有名的就是武昌起义，结束了中国几千年的帝制；还有国民革命军北伐之后把首都从广州迁到了这里（正是这个时候把武昌、汉口、汉阳三镇合一改名为武汉）；后来又有抗日战争时期的武汉保卫战。武昌是最早搞洋务运动的地方，有很好的工业基础，在中国近代，武汉是仅次于上海的工业城市。从太平洋过来的远洋巨轮，可以从上海沿着长江一路开到武汉。九省通衢其实说的是武汉，大型轮船开到这里就得卸货装车，再往上走就不行了。武汉的上游，也就是从夷陵到武汉这一段，水道弯弯曲曲，长江刚出三峡，水流变缓，沉积了大量的泥沙（远古时期形成了云梦泽，后来形成江汉平原和洞庭湖平原），水道浅、河床高，只能走小一些的船。这一段长江经常发生决堤，有点像黄河。1998年遭遇大洪水的时候，我们看到电视里经常播放的画面：一名解放军战士为了救一个小女孩，牺牲了。那个地方叫簰洲湾，正好在武汉的上游，只要簰洲湾不出事，武汉就不会出事。武汉的下游水道比较直，排水快，泥沙也不容易沉积，对航运来说，是条黄金水道，何况它连着上海，连着太平洋。

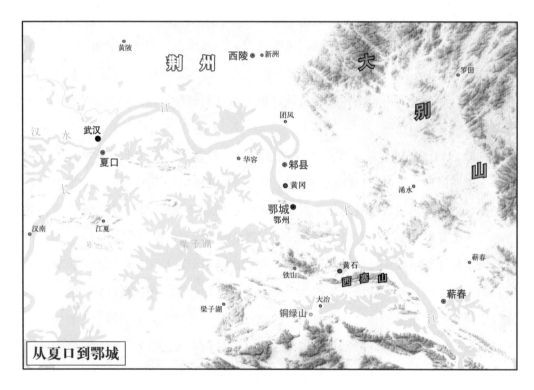

从夏口到鄂城

鄂州，或者叫鄂城，因春秋时这里曾有个鄂国而得名。鄂国原本是商朝的诸侯，最早位于山西，周灭商后，鄂国故土被晋国所并，迁到南阳，之后又被周王征讨。鄂国不服，从中原迁到长江以南，最后被楚国吞并。易中天老师曾讲到，楚方言里有一句"不服周"，就是不服气的意思，其实最早就是鄂国人说的。比如两个鄂州小孩打架，打赢的那个就会问打输的那个："你服不服周？"打输的小孩说：

"我不服周！"以前我还以为这个"周"字只是语气助词，没想到大有来头。

从鄂州这里开始，平原消失，进入山地，中间是长江，两边是高山，沿江的两岸是两条狭长的走廊，一直到庐江，大别山消失，眼前就是一派江南水乡风光。这里是从东吴进入荆州最便捷的通道，也是春秋时吴楚两国连年征战的战场。鄂州连接着东吴的柴桑（今九江），是东吴派兵进入荆州的必经之地，可以说在整个赤壁之战的过程中，东吴的军队就是经过这里，源源不断地派往荆州。孙权称帝时，把这里做首都，改名为武昌（注意，不是今天武汉的那个武昌）。但东吴的人很不喜欢这里，觉得离他们的大本营（姑苏）太远，所以后来又把首都迁回了建业（今南京）。等到后来孙皓为了控制荆州，想把首都再迁回鄂州时，吴国的士大夫就作了一首诗，诗中有云："宁饮建业水，不食武昌鱼。"意思是我情愿在南京喝水，也不要到鄂州去吃鱼。所以武昌鱼不是产自现在的武昌，而是鄂州。毛泽东后来到武汉的时候，也作了一首诗，诗中有云："才饮长沙水，又食武昌鱼。"武昌鱼从此名声大震。一直到现在，正宗的武昌鱼都是产自鄂州附近的梁子湖，并不是产自武昌。别看鄂州现在很小，在很长一段时间内，鄂州是荆襄地区最大的城市之一，湖北简称"鄂"就是跟鄂州有关。为什么不简称为"楚"呢？估计是怕湖南不答应，湖南人在岳麓书院的门匾上写着："惟楚有才，于斯为盛。"意思是楚国的精华都在我这里呢！

鄂州的长江对面，就是黄州（现改名为黄冈，但当地人还是习惯称黄州）。黄州有个地方叫赤壁，但赤壁之战并不是发生在这里，三国时这里还是一片蛮荒，也没有黄州这个城市。现在我们知道，武汉长江上游的蒲圻市已经改名为赤壁市了，就是为了争赤壁这个名。

黄州之所以被当作赤壁之战的发生地，是因为苏东坡的一篇《赤壁怀古》："大江东去，浪淘尽，千古风流人物。故垒西边，人道是，三国周郎赤壁……"这首词就是在黄州写的。黄州因苏东坡而出名，苏东坡也因黄州而迎来人生的转折点，也就是余秋雨所说的"苏东坡突围"。为什么这么说呢？苏东坡被贬到黄州的时候，刚刚经历了"乌台诗案"，官场失意，却意外地在文场上得意。苏轼被贬到黄州之后，工资太低不能养家，就租了一块荒地自己耕种，这块地就叫东坡，于是他就给自己取了个号叫东坡居士（姓苏，名轼，字子瞻，号东坡居士）。东坡不是他的名字，而是号，我们习惯叫苏东坡，就是从这时开始，苏轼在文坛上名声大振。苏东坡在黄州基本上是个闲人，正事不让他干，还有人监管。于是就把心思花在了别的地方，寄情于山水，和古人对话；还有一件事就是研究吃的，东坡肉就是这个时候他琢磨出来的。文章就不用说了，苏东坡在黄州时写下了大量的诗文，而且风格突变，彻底打开了思路，题材广泛，不拘一格，从此在文坛上成为领袖级的人物。《赤壁怀古》是这个时候的代表作，这首词从它一出来就影响深远，以至于很多人误以为黄州就是赤壁之战发生的地方。

但是，蒲圻市不干啊，心想，赤壁之战明明是在我这里打的，怎么一说起来都提黄州，没我什么事，那我干脆来个狠的，把名字改了，就叫赤壁，看谁还抢！

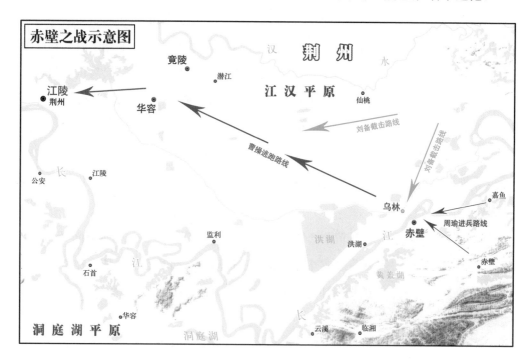

为什么说赤壁之战发生在蒲圻而不是黄州，其实有个简单的判断方法。

第一，曹操占领襄阳后，肯定是一路南下去夺江陵，这是最便捷的道路，江陵又是重镇，有粮有钱。所以他的大军基本都在汉水以西，不会绕道跑到黄州去。黄州这里没什么重镇，要从这里过长江打东吴的话，后勤补给是个大问题。而且如果他往东去黄州的话，应该取道随县（今湖北省随州市）和江夏，就不会经过当阳县，也就不会发生长坂坡之战。

第二，从几个地名上判断。赤壁之战时，诸葛亮派张飞、赵云去打埋伏，说："以乌林起火为号。"现在赤壁的隔江对面，还有乌林这个地方，属洪湖市。乌林往西，会路过华容（不是现在湖南的那个华容，在现湖北潜江以南），再往西，就是江陵。这几个地方，连成一条东西向的直线，相隔不远，符合曹操逃跑的规律。如果是在黄州被打败，完全没有必要兜一大圈绕到江陵去，直接往北撤就是了。

第三，从字面上看，所谓赤壁，就是东吴火烧曹军的时候，火光照亮了对岸的石壁，绝对不是照亮自己这边的石壁，曹操在江北，照亮的一定是长江的南岸，黄州在长江的北边，如果赤壁之战真的发生在这里，照亮的石壁也在对岸的鄂州，而不是黄州。黄州确实有个地名叫赤壁，但只是巧合，跟赤壁之战没有关系。

还有一点，成语"万事俱备，只欠东风"，杜牧的诗"东风不与周郎便，铜雀春深锁二乔"说的都是东风，演义里也是诸葛亮借东风，才破了曹操的百万大军，都不是说南风。黄州这段长江，是西北—东南走向，如果在这里火烧曹营，最好是西南风，最少也要正南风，东风肯定是不行的，烧不到北岸，反而会烧到自己；而蒲圻这里的长江是西南—东北方向，东风或者东南风正好，火借风势，正好烧到长江北岸。

鄂州往东，就是黄石，这是个港口城市。黄石是近代张之洞炼铁才逐渐发展起来的，当时这里没什么人烟，只有个西塞山，是东吴的军事要塞，唐朝诗人刘禹锡写了一首《西塞山怀古》指的就是这里。黄石原是大冶县下面的一个小港口，大冶自古产铜，楚国的铜就是产自这里，春秋战国是青铜时代，武器都是铜造的，鼎和编钟也是铜造的，就连钱也是铜钱，楚国的强大离不开这个铜矿。现在这里有个铜绿山古铜矿遗址，非常壮观，像个巨大的天坑一样。大冶不仅有铜矿，还有铁矿和煤矿。晚清洋务运动的时候，湖广总督张之洞将这里的铁矿和煤，通过黄石港运往汉阳，炼铁，制造武器，"汉阳造"几乎见证了整个中国近代战争史，从辛亥革命打响的第一枪，一直到朝鲜战争。

再往东就是东吴的柴桑（今九江）。周瑜平时就是驻扎在这里，附近的鄱阳湖是个训练水军的绝佳场所。现在九江市内有个点将台，据说就是当年周瑜点将发兵的地方。东晋的时候，这里称浔阳，白居易的《琵琶行》中："浔阳江头夜送客，枫叶荻花秋瑟瑟。"说的就是这里。最后还有一句："座中泣下谁最多？江州司马青衫湿。"所以浔阳又称江州。《水浒传》里宋江刺配江州，在浔阳楼上题了首反诗："心在山东身在吴，飘蓬江海谩嗟吁。他时若遂凌云志，敢笑黄巢不丈夫。"也是在这里。这个浔阳楼现在还有，当然是20世纪80年代重建的。

从九江这里开始，长江拐了个弯，一直到南京，这一段长江几乎呈南北走向。长江的东边就称为江东；而对于中原政权来说，它又在长江的左边，所以又称江左。江东和江左指的是同一个地方。我们古代的地图为了方便帝王观看，和现在正好倒过来了，是上南下北，左东右西，《山海经》可以当作一部地理著作，以南山经开篇，也是遵从这个习惯。江东或江左，我们现在经常称江南，实际上比荆州还要靠北一点。九江我们知道，属于现在的江西省，但是江西这个名字并非是因为它在长江的西面，它还是在长江的南面，唐朝的时候，江西属于江南道，后来又划分出一个江南西道，简称江西。从九江这里开始，进入扬州地界，不再属于荆州。但是这一带是荆州进入江东的必经之地，俗称吴头楚尾，所以我一并说说。

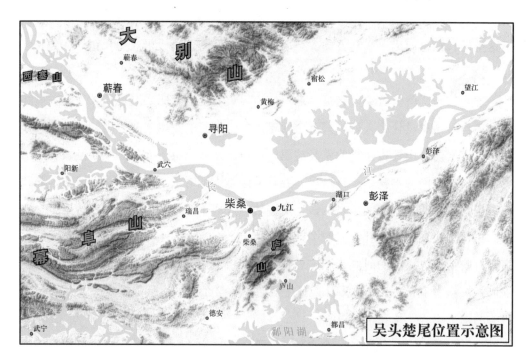

吴头楚尾位置示意图

长江在南京下游的河段，当时江面太宽，根本没有渡口。而南京上游这段，长江南岸沼泽遍地，只有从安徽和县一带过江，穿过马鞍山，才进入一片平坦地带，直入吴国腹地。所以去江东的渡口主要在这里。当年伍子胥因为过不了昭关，急得一夜之间白了头，他要去的渔邱渡就在这里；项羽不肯回江东，他自杀的地方乌江渡也在这里。这里的乌江是个地名（现乌江镇，当年的乌江亭），不是一条江。在中国古代，江就是特指长江，叫江水，江东、江左都是以长江为参照物，不是随便一条河就可以称为江；同样的，河特指黄河，称河水，河南、河北、河东、河西都是以黄河为参照物；其他的河也都称水，像汉水、丹水、易水、渭水等等。乌江就在长江边上，这里有个渡口，叫乌江渡，所以李清照说："至今思项羽，不肯过江东。"我看好多电视剧、小说里把乌江当成一条江，说得有鼻子有眼，如果真是那样的话，李清照应该说："至今思项羽，不肯过乌江。"中国境内倒是有条江叫乌江，但是在贵州，离项羽的地盘好几千里；而且在秦汉的时候，它也不叫乌江，叫延江水（延续长江的一条河水）。所以项羽要回的江东，就是春秋时吴国的故地，战国时被楚国占了，也成了楚国的故地，是项羽反抗暴秦的大本营。孙权占据这个地方后，起用了它最早的名称——吴。因为在江东，我们习惯称东吴。

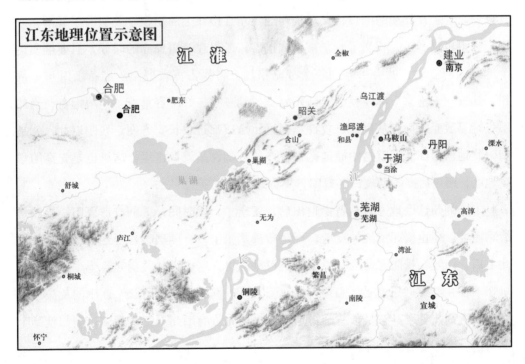

江东地理位置示意图

当时的东吴不仅控制了江东，还控制了荆州的东部，势力已然不小，为什么还要联刘？

刘备要联合东吴这没话说，因为以他的力量，自保都不够，可吴国为什么听从了诸葛亮的建议联刘抗曹呢？其实从地势上不难看出，曹操的主要目标就是冲着东吴来的，他根本没把刘备放在眼里，东吴如果任凭曹操灭了刘备，继而占领荆州，东吴也保不住，这就叫作唇亡齿寒。毕竟刘备手上有刘琦这张牌，在荆州还是有些势力的，这个时候，能和他同仇敌忾的也就刘备了。

所以孙刘联合一点也不奇怪，奇怪的是曹操为什么败了。中国的南方，除了吴楚两个繁华之地可以养兵之外，其他的地方都是山区，没有大平原，难以形成强大的割据势力，有了吴楚，也就有了整个南方。按照历史的经验，曹操从北方来，先占领襄阳，再夺取荆州，然后顺江而下，一举灭掉东吴，继而统治整个中国南方，是顺理成章的事。结果坏就坏在渡江这件事上，水师不行，又碰上了周瑜和诸葛亮这两位大神，结果败得一塌糊涂，元气大伤。从此以后，曹操再也没有下过江南。也许他到死也不明白，为什么历史上反复上演的事，到他手里就演砸了！

曹操兵败之后，退出了荆州，但仍控制着襄阳，还有东边的合肥，这让东吴寝食难安。合肥在江东的门口，又是荆州与江东连接线上的重镇。关羽没了襄阳，守荆州守得也很辛苦，相当于脖子被别人掐着。所以在三国鼎立的时候，只要荆州这个地方稍有变动，就会影响到整个战略格局。曹操占据着襄阳，准备随时重返荆州。孙权一天不拿下荆州就一天睡不好觉。刘备呢，好不容易有了一块地盘，当然不肯轻易放弃。而且从荆州进攻许昌，远比从成都进攻长安方便。襄阳以北，就是南阳盆地，再往北，就是中原地区，曹操的首都许昌就在这里。这里也是先秦的华夏地区，所以后来关羽攻占了襄阳，史称"威震华夏"。

本来荆州这个地方自从曹操退出后，安宁了一段时间，关羽攻占襄阳，当然是战略需要，但也引起了连锁反应。一是曹操紧张了，一度嚷嚷着要迁都。二是关羽北上后，江陵一带防守薄弱，给了东吴可乘之机。所以说，关羽守着半个荆州，迟早守不住，要想荆州稳妥，必须占据襄阳，可占据襄阳就会引起一连串的反应，最终反而把荆州丢了。东吴要想睡得踏实，也得先占有荆州。三足鼎立，荆州就是个火药桶，牵一发而动全身。

诸葛亮在隆中给刘备的规划方案是：先占领荆州为基业，然后夺取整个西川，进而夺取关中，最后从荆州和关中两个方向包抄曹魏，统一天下。可惜的是，荆州没守住，先失去了一条腿，后来，刘备也死了，诸葛亮六出祁山也没拿下关中，最终"出师未捷身先死，长使英雄泪满襟"！

曹家最终也没能统一中国，曹魏灭了蜀汉之后，取代曹魏的西晋吸取了教训。一方面在益州（四川）大造船只，训练水师，从长江顺水而下，另一方面从两淮地区进兵牵制东吴，而重点就放在荆州一带。马步军自襄阳南下，配合从四川下来的水师，顺利地夺取了长江中游的控制权，然后水陆并发，沿江而下，直逼东吴。吴国灭，西晋统一中国。

最后以刘禹锡的《西塞山怀古》来结束荆州这个章节，诗里描写的就是西晋沿江而下灭掉吴国的故事，也是三国时代的绝响。

曹操如果看到这一幕，不知道该做何感想。也许只能长叹一声，唉！

西塞山怀古

【唐】刘禹锡

王濬楼船下益州，

金陵王气黯然收。

千寻铁锁沉江底，

一片降幡出石头。

人世几回伤往事，

山形依旧枕寒流。

今逢四海为家日，

故垒萧萧芦获秋。

【注】西塞山：指现黄石的西塞山，张志和的那首《渔歌子》中："西塞山前白鹭飞，桃花流水鳜鱼肥。"指的是浙江湖州的西塞山，不是同一个地方；王濬（jùn）：西晋益州刺史；益州：四川；金陵：南京，当时应称建业；石头：石头山，或称石头城，南京古城夹在石头山和钟山之间，石头山原靠近长江，是一座天然的屏障，东吴末帝孙皓在这里出城投降。

第二章 关中大地，王者之气

关中指的是渭河下游，从宝鸡到咸阳、西安，以及渭南这一带。这是一个盆地，号称八百里秦川，东临黄河，其余三面都是高山险阻，北面是黄土高原，有黄龙山、子午岭，西面是陇山，南面是秦岭。这里自古以来就是兵家必争之地，易守难攻。

为什么叫关中？因为在过去，进出秦川只有四个险要的关口：东面是函谷关，

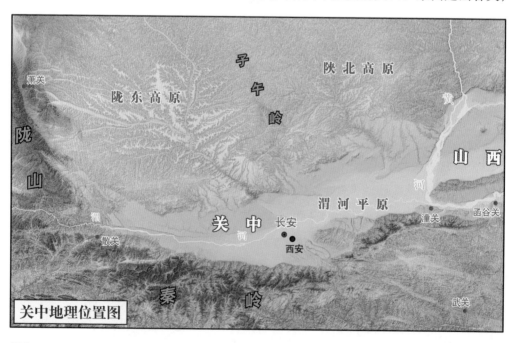

关中地理位置图

南面是武关，西面是散关，北面是萧关。

东面，隔黄河相望的是山西。黄河在华阴这里拐了个弯，向东流去，在黄河的南面，有一条狭长的通道通往洛阳，在这条通道上，有个有名的关口，就是函谷关。函谷关北面是黄河，南面是崤山（xiáo shān），最窄的地方，只能通过一辆战车。所以守关中，主要就是守函谷关。秦始皇统一中国，正是从这里出兵中原。后来刘邦、项羽灭秦时，与楚怀王约定，先入关中者王之。刘邦一开始是打算从函谷关入秦的，不料洛阳久攻不下，只好往南从武关进攻。项羽因北上救赵，耽误了时间，等他赶到函谷关时，才知道刘邦已经攻下了咸阳。

函谷关在秦汉以前，都是一夫当关、万夫莫开的重要关口。但这里毕竟离关中腹地太远，补给相对困难。位于黄河拐角处的潼关，离长安很近，补给方便，到了东汉后，逐渐取代了函谷关的地位。

潼关和函谷关位置关系图

潼关还有个好处，能防止位于山西的敌军南过黄河包抄后路。黄河不同于长江，长江冬天也不会结冰，所以称为天堑，黄河在北方，冬天河面会结冰，结冰后就和平地没什么区别。春秋时期著名的"崤之战"就是个例子。秦国千里迢迢，出函谷，过洛阳，去攻打中原的郑国，结果被郑国一个商人弦高施了一计，以为郑国有防备，只好回来。当时正是冬季，黄河已结了冰，在回来的路上，过崤山的时候，遭到了晋国军队的两面夹击，秦军被堵在峡谷之中，进退两难，最后全军覆没。这一战，让秦国很多年都不敢再图谋中原，只能向西发展，秦晋两国也从此结下了世仇。

当然，"崤之战"发生的时候，这里只有峡谷，没有关隘，"崤之战"让秦国认识到了函谷对秦国的重要性。后来秦国占领了函谷后，就在这里修建了函谷关。从那时候开始，进出秦国都要经过函谷关。齐国的孟尝君从秦国逃脱的时候，走的就是函谷关，鸡鸣狗盗的成语就出自这里。最有名的要算老子骑青牛西出函谷了。老子（李耳）原来在洛阳周王室的图书馆工作。那时候书都是竹简做的，很贵也很重，一般人接触不到这么多书，老子有这个工作便利，读了很多书，学问很高。从洛阳去秦国，路过函谷关的时候，关令尹喜知道老子学问好，一定要他留下点什么才肯放他走。老子无奈，只得在那里停留了半年，写下了五千字的《道德经》，后来被道家奉为经典，老子被奉为道家始祖。

潼关取代函谷关还有一个原因是因为黄河下切，道路日益狭窄，影响交通，这里就不细说了。

武关，其实在关中的东南方。从陕西的蓝田，到河南的南阳盆地，有一条狭长的通道穿过秦岭，武关就在这里，位于今天的丹凤县。丹水也发源于这里。丹水也

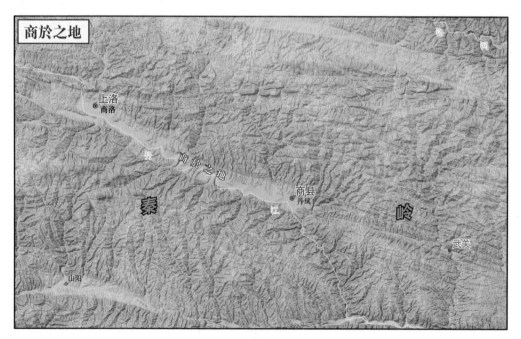

叫丹江，是汉江的第一大支流，汉江又是长江的第一大支流。丹江和汉江交汇的地方，就是丹江口，1958年这里修建了一个水库，就是丹江口水库，南水北调中线的水就是从这里调到北京的。这里的水比长江的水干净很多。

前面说过，刘邦攻秦的时候，本来是打算从函谷关进攻的，后来改从武关进攻。武关是咸阳、长安的南大门。出了武关就是南阳盆地，往南直叩襄阳，往北就是中原。秦楚两国的交往或争斗，走的都是这条通道。春秋时，武关属于商於，也就是今天的丹凤县。商於原本属于楚国，后来秦国因变法而强大，占领了商於之地，秦君就把这块地封给了变法的功臣，称为商君，也就是我们熟悉的商鞅。商鞅原是卫国人，称卫鞅；同时又是公族之后，所以又称公孙鞅；被封为商君之后才称为商鞅。

散关在宝鸡以南，是关中通往汉中的咽喉要道。汉中是块小盆地，紧邻巴蜀。从关中到汉中，要穿越秦岭，所以这里山高水险，极其难走。在古代，这里根本没办法修路，多用栈道。曲折的谷道大致有四条：自西向东，分别是陈仓道、褒斜道、傥骆道、子午道。

过了散关往南，就是陈仓道，韩信的"明修栈道，暗度陈仓"的故事就发生在这里。楚怀王曾对项羽和刘邦说，先入关中者王之，结果刘邦先到了，项羽怀疑刘

穿越秦岭的道路

邦有取代自己的野心，就摆了一道鸿门宴，想杀刘邦，最终还是心慈手软没下手；项羽后来自称西楚霸王，故意封刘邦为汉中王，让秦国的三个降将守关中，监视刘邦。刘邦为了表示自己无意争霸中原，在前往汉中后就把从关中通往汉中的栈道都烧了。等刘邦攒够了实力，要与项羽一较高下的时候，韩信就让樊哙、灌婴等人率兵从祁山道佯攻陇西，韩信偷偷从陈仓这里进了关中。

褒斜道，或者叫斜谷（斜水的河谷），因为汉中是商朝褒国（烽火戏诸侯的那位褒姒的出生地）所在地，这里还有条褒水，褒水连接斜水的谷道，所以也叫褒斜道。从斜谷出去就是关中的五丈原，诸葛亮最后就是死在这里，这里其实离长安已经不远了。斜谷在战国时发生过一件事，秦国大将司马错认为，应该先取蜀国，然后顺江而下取楚国，这是很有战略眼光的思维，用四川的粮和关中的兵，就可以横扫天下。秦国就是从斜谷道出兵，先占领汉中，然后占领巴蜀，最后顺长江攻占了楚国的郢都。

傥骆道极为险峻，难以用兵。当我在地图上试图画出这条道路时，发现它穿越了好几条分水岭，这种路，除了当地山民行走，一般不会用于大规模的军事行动。

子午道，或者说子午谷，就比较有名了，主要是因为魏延。子午谷正对着长安，诸葛亮六出祁山的时候，魏延曾建议直接出子午谷，不用绕道祁山。祁山在陈仓的西面，现陇南市的礼县。魏延建议诸葛亮出子午谷直逼长安，后来的历史证明，这是个馊主意。明末闯王高迎祥就用了魏延的方法，结果遭到孙传庭的伏击，全军覆没，自己也被俘，押往北京，凌迟处死了。他死了之后，李自成才接过闯王这个旗号，打到北京。

下面我们来看看诸葛亮六出祁山的路线：

一出祁山

诸葛亮恢复与吴国的联盟、平定南中后，就准备北伐曹魏。第一次北伐在蜀汉建兴六年（228年）春，令赵云等作疑兵，摆出由斜谷（眉县南）进攻郿城（眉县北）的架势，以吸引魏军；自己则率主力向祁山（今甘肃陇南礼县祁山镇）方向进攻，陇西的天水、南安、安定相继投降。在这里，诸葛亮还收服了姜维，姜维后来

巴蜀和陇右地理关系图

陇右

陇西高原

祁山

秦岭

阴平

摩天岭

巴蜀

成为他的得力接班人。可是马谡不听诸葛亮的劝告，被张郃打败，丢失了街亭；赵云也出兵不利，最后诸葛亮不得不退回汉中。

街亭在横贯陇山的番须道的西口。番须道开通于东汉光武帝时期。在此之前，从陇右到关中唯一的通道是关陇道，在番须道开通之后，关陇古道逐渐荒废。直到今天，番须道仍在使用，而关陇道已经废弃了，即使我们用现代化的工程手段，在这里修路也是困难重重，何况古人，由此可见关陇古道的险峻。在当时，番须道已经取代了关陇古道的地位，而街亭就是番须道的咽喉。

陇山东边是关中，西边是陇西，街亭是这两个地方的出入口。诸葛亮这次北伐，基本占领了陇右，可街亭一丢，等于大门被魏军占领，陇右也保不住。马谡丢了街亭不是一件小事，等于这次北伐成果全部泡汤，诸葛亮也只好挥泪斩马谡了。

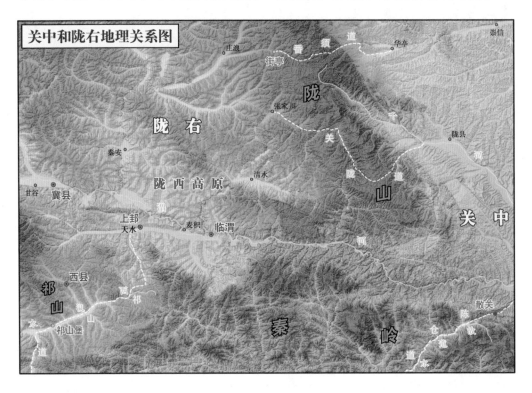

二出祁山

第二次北伐是同年冬，陆逊在石亭打败曹休之后，诸葛亮趁机走陈仓道，出散关，包围陈仓，结果打了二十多天也没打下来，魏国的援军又已赶到，蜀军不得已又退回汉中。这一次，和当年韩信走的路是一样的，但结果差别很大，最终是无功而返。韩信面对的敌人是项羽，当时项羽的主力在攻打齐国，关中是由几个秦国的降将把守，而诸葛亮面对的都是曹魏的精锐主力。

三出祁山

第三次北伐是建兴七年（229年），诸葛亮进攻武都（今甘肃成县）、阴平（今甘肃文县），打败魏国援军，占了这两郡，留了些军队把守，自己率部回师。第二年，魏军从子午谷、斜谷主动进攻汉中，诸葛亮派兵防守，又由于连日大雨，子午谷、斜谷等道路不通，魏军无功而返。这次，诸葛亮只是打通了通往祁山的道路，他的战略目标还是先占据陇右，再由陇右向关中推进。

四出祁山

第四次北伐是建兴九年（231年），蜀军包围祁山，魏军统帅司马懿迎战。司马懿深知蜀军远来，军粮不多，于是凭险固守，根本不出来应战。诸葛亮想诱敌深入，但司马懿追赶得很谨慎，蜀军一停，他就扎营防守，也不追击。恰巧在这个时候，刘禅听信谗言，说诸葛亮早晚要称帝，于是下令诸葛亮退兵，加上蜀军粮草也快用完了，诸葛亮只好班师回朝，并在回去的途中用伏兵杀了魏国名将张郃。

五出祁山

第五次北伐是建兴十二年（234年）春，诸葛亮率十万大军出斜谷口，到达眉县，在渭水南岸五丈原扎营。这次是诸葛亮比较冒险的一次行动，五丈原离长安只有一百多千米，算是深入关中腹地了。但司马懿也很谨慎，深沟高垒，不与蜀军作战。他还料定蜀军远来，粮草运输困难，难以久持，想把蜀军拖垮。但诸葛亮也有准备，在渭水分兵屯田，做长期作战的准备。诸葛亮在这次出兵前曾与孙权约定同时攻魏，结果吴军攻魏失败，撤回江东，蜀军只好与魏军单方面周旋。到了八月，诸葛亮积劳成疾，病情日益严重，不久就与世长辞。诸葛亮死后，姜维等遵照他的遗嘱，秘不发丧，全军退入斜谷。

诸葛亮出师北伐实际只有五次，其中真正出兵攻打祁山只有两次，一次走陈仓道，一次走斜谷，还有一次只是占领两座城池，打通到祁山的道路；至于第六次，就是三出祁山时魏军反攻的那一次，不是诸葛亮主动出击。后人为了叙述方便，就说成是"六出祁山"。

可以说，从汉中到关中的路，能试的诸葛亮都试了，唯一没走的是子午谷。子午谷正对着长安，这里有重兵把守，诸葛亮素来用兵谨慎，绝不会冒这么大的风险。诸葛亮的战略规划，还是想以祁山为基地，占领陇右，然后慢慢向关中推进。从五次北伐也可以看出来，最关键的因素是补给线太长，取粮困难，导致了最终的失败。如果能先占据陇右，就地取粮，胜算就大得多。这条路也是当年秦国的发展之路，秦国最早是在陇右养马，周王室东迁之后，才开始一步步向关中推进。

四关之中最北面的萧关，在六盘山的东麓，现在宁夏的固原市，是关中通往河西走廊的咽喉要道，也是丝绸之路的必经之地。丝绸之路从长安出发，经萧关，过河西走廊，入西域。所以萧关不仅是个军事关口，还是个商贸要道。六盘山又叫陇山，它的西边就是陇西，或叫陇右，也就是兰州、天水一带。"得陇望蜀"的成语说的就是这里。六盘山往东三百千米就是延安。红军四渡赤水后，穿云贵高原，过大雪山，一路人迹罕至，过了六盘山，才算看到了生的希望，所以当年毛泽东在此豪迈地写下一首《清平乐·六盘山》："天高云淡，望断南飞雁。不到长城非好汉，屈指行程二万。六盘山上高峰，红旗漫卷西风。今日长缨在手，何时缚住苍龙？"

关中三面环山，东临黄河，中间是渭河平原，在中国的地形独一无二。这里可以养兵，好防守，离中原又近，所以极易形成地方割据势力；一旦形成气候，就可以出函谷关进军中原。从西周到汉唐，绵延一千多年，这里一直是中国的首都所在地，是全国的政治中心。虽然中间有过几次东迁，但历来洛阳都是长安的副都，如果不是关中作为根基，洛阳也难以独存。

这里也是华夏文化的发祥地。早在商朝的时候，周人就在这里繁衍。周人的发祥地在西岐（现陕西岐山），所谓凤鸣岐山指的就是这里。周人拥有关中，逐渐坐大，就有东进灭商的想法了。

商朝在黄河中游的中原地区，这里长年受黄河改道泛滥之苦，所以商朝总在不停地迁都，最后迁到了朝歌（现河南淇县）。中原一马平川，无险可守。周人有关中作后盾，实力非凡，结果可想而知。牧野一战，周人大获全胜，纣王自杀身亡。

武王灭商后，建立周朝。

周朝是中国历史上第一个也是唯一一个只称王不称帝的朝代，之前的三皇五帝不用说了，后面的秦始皇大家也知道，商朝的亡国之君纣王，历史记载称帝辛，也是帝而不是王。周朝后来把首都迁到了镐京（今西安），同时在中原建了副都洛邑（今洛阳），以王天下。普天之下，莫非王土，就是从这里开始。

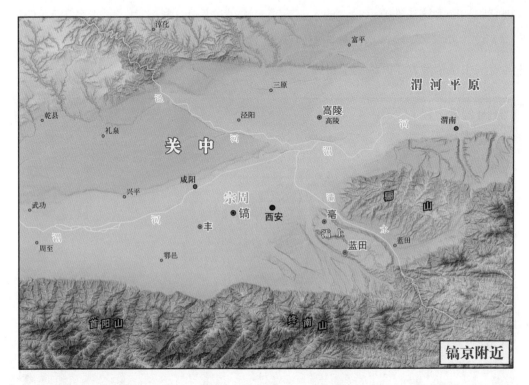

镐京附近

周朝实行封建制，把天下的土地分封给几百个诸侯，自己坐镇中央，也就是说，从岐山到洛阳，都属于王畿。四周是诸侯作为屏障，再往外非华夏族人就称为蛮夷，即所谓南蛮、北狄、东夷、西戎。一开始诸侯国都很小，很多诸侯国与蛮夷杂处。当时的秦国更小，连个爵位都没有，只是个附庸，位置就在陇西的西犬丘。陇西产马，秦国就是给周天子养马的，是名副其实的"弼马温"。

转机就在周幽王身上。烽火戏诸侯的故事大家都知道，历史上褒姒有没有烽火戏诸侯不知道，但周幽王对她百般宠爱倒是真的，以至于立褒姒为后，立她的儿子为太子。原来的王后是申国人，就被废了。申国在哪里呢？就在宛城（今南阳），替周天子守着南大门。申侯一看自己的女儿被废，外孙也当不成王了，就不干了，于是联合犬戎，打入镐京。请神容易送神难，犬戎一来，就失去了控制，一路烧杀劫掠，一把火把镐京烧成了废墟。幽王、太子也被杀，褒姒失踪。申侯的外孙继位，这就是平王。镐京被毁，没法待了，周平王只好东迁到洛阳。这就是历史上的平王东迁，从此西周就变成东周。在这场变故中，秦国护驾有功，才被封为伯爵。周平王就对秦伯说了，反正镐京一带已经被戎人占了，是个烂摊子，你要是有本事把它收回来，这块地方就是你的了。后来秦国经过几代人的努力，逐步平定了周边的犬戎，占据了关中，也就是周人的老家。就这样，周朝从此衰落，它的王者之气随着关中这个地方一并传到了秦国人手里。

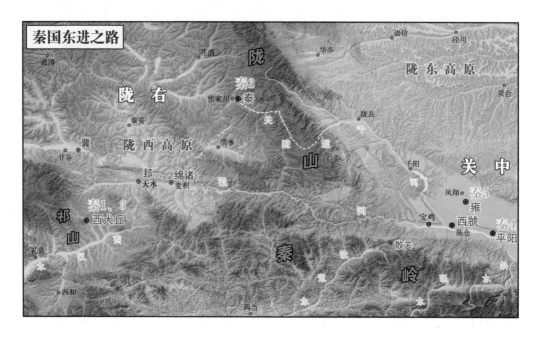

秦国人继续演绎着周人的故事，在关中积蓄实力，一旦时机成熟，就东出函谷问鼎中原。

关中平原本来就很富有，到了秦始皇时期就更上一层楼。秦国总共搞过三大水利工程：都江堰、灵渠以及郑国渠。郑国渠就在关中，本来是个陷阱，不是秦国想修的。在当时，兴修水利是一件非常消耗国力的事，没有现代化的机械，只能靠民工，征调民工不仅会影响征兵，更会影响农业生产，这对于一个农耕国家来说是很容易动摇根本的。韩国是秦国的东邻，秦国东出中原首当其冲的就是韩国，于是韩国就想了个计策，派了一个叫郑国的人去帮秦国修水利灌溉工程，以消耗秦国的实力。秦国人上当了，修到一半才发现是个计谋，于是要杀郑国，郑国说："修渠只是为韩国拖延几年寿命，却为秦国立下万世之功。"这话说得好，秦王于是命郑国继续修渠。花费了十余年总算修完，结果果然如郑国所说，为秦国立下了万世之功。有了郑国渠，八百里秦川更加富有。秦始皇能统一全国，郑国渠功不可没。

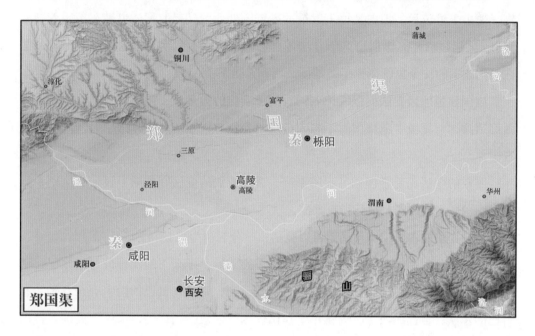

但真正让秦国强大的不仅仅是郑国渠。秦国能统一六国，关键还在于变法。而最先变法的，并不是秦国。

整个春秋时期，中原各路诸侯轮番称霸，秦国也一直想冲出函谷关在中原露个脸，却没能成功。秦穆公也只是向西拓地千里，东面有强大的晋国阻挡，秦国想冲出关中很难。

到战国时，魏国在李悝（kuī）的变法下首先称霸。魏文侯以李悝为相，以吴起为将，一度占领了河西之地，压得秦国喘不过气来。吴起是个一心扑在工作上的变态狂，杀妻求将，与士兵同吃同住。秦国在吴起面前，连战连败，毫无还手之力，几乎到了生死存亡的地步。魏文侯死后，魏武侯继位，吴起功高盖主，受到权臣的猜忌，于是逃往楚国。秦国这才有了喘息之机。

吴起在魏国的时候，只展现了他的军事才能，到了楚国之后，受到李悝的影响，吴起也开始变法。楚国在吴起的变法下更加强大，向南攻打百越，扩张地盘。

楚国不像魏国，楚国是个传统的大国，贵族势力大；魏国是刚从晋国里分出来的，贵族势力的根基还不深。吴起的变法引起了楚国贵族势力的不满，等支持吴起的楚悼王一死，贵族们就联合起来要杀吴起。吴起一看走投无路，就躲到楚悼王的尸体后，贵族们向他射箭，也射到了楚悼王的身上。楚国的法令，伤害楚王的尸体灭三族。楚肃王继位后，把向楚悼王射箭的人统统处死，吴起的尸体也被车裂（五马分尸）。吴起在临死前想到用这个方法替自己报仇，确实聪明。但是，吴起一死，他在楚国立下的法令也就废止了，楚国又回到了老路上。

魏国和楚国因变法而强大让列国看到了变法的力量，于是纷纷效仿。秦国地处西部边陲，一直被中原诸侯看不起，更是对变法有强烈的渴望，这个时候商鞅就出现了。

商鞅的变法深受李悝和吴起的影响，其实他们的变法在本质上没什么区别，只不过商鞅做得更彻底，执行得更严酷。

商鞅变法的本质用一句话就可以概括：改分封制为郡县制。

什么是分封制？周朝创立之初，除了王畿之外，把天下的土地分封给诸侯，诸侯在自己的土地上建国，所以分封制也叫封建制；诸侯在自己的国家完全自治，有自己的军队、自己的法令，周王不干涉诸侯国的内政。同样的，诸侯国的国君自己留一块土地，剩下的土地就分封给卿大夫；卿大夫的封地就叫家，在自己的家里，卿大夫有自己的家规，有自己的家兵；卿大夫往下就是士，士是最低一级的贵族，有贵族的身份，没有土地，只能自己学好文武艺，货与帝王家，这叫修身。士修身，卿大夫齐家，诸侯治国，王平天下，修身、齐家、治国、平天下的本意指的是这四个等级贵族的职责。

与分封制配套的贵族承袭制度叫宗法制，宗法制的核心就是嫡长子通吃，大意是：天子的嫡长子继承王的爵位和财产，其他诸子封侯；诸侯的嫡长子继承爵位和一切财产，其他诸子封大夫；大夫的嫡长子继承大夫的爵位和财产，其他诸子成了没有财产的士。

在诸侯国中，卿大夫既是爵位，也是职位，而且世袭罔替。这样一来，卿大夫作为诸侯国国君的臣子，势力越来越大，还不能随意撤换；这还是其次的，最主要的是卿大夫还占有土地，世代承袭，实力越来越强，有的已经超过了国君，像鲁国的三桓、晋国的六卿，就是例子。

商鞅的变法，就是要废除这一套。首先世袭的官位没有了，世袭的土地也没了，一切都以军功为准，功劳大的封爵，功劳小的，就算杀一个敌人也给你分田分地。可以想象，商鞅这么一搞，秦国的贵族会是什么反应。在以前，每打下一座城池，国君就会把这座城分封给功臣，现在这个也没有了，直接变成郡县，郡县的长官由国君任命，郡县的税收上交国库。郡县制并不是商鞅的发明创造，第一个设郡县的是楚国，楚国在早期从丹阳向东扩张的时候，灭了权国，不分封，改为权县，设县公替国君来管理。不只是楚国，其他六国都设有郡县，只是比较少，分封还是占主流，只有商鞅把秦国一刀切地全部改为郡县。

商鞅的变法，让秦国空前强大，立下不世之功，被秦孝公封为君，拥有商於之地的十五城，所以称商君。这个封君和以前的分封不同，商鞅只拥有商於之地的税收权，行政权、土地权还是国家的，而且封君只传两代，过了第三代就得交回国家。这大概就是所谓的富不过三代。战国时很多国家都有封君，像魏国的信陵君魏无忌、赵国的平原君赵胜、楚国的春申君黄歇、齐国的孟尝君田文，俗称战国四公子，都是封君，是列国为了吸引留住人才搞的特殊待遇。

郡县制的结果就是贵族势力减弱，国君势力增强，实际上就是由封建制转变为中央集权。分封制的结果是分权，国家实际是由贵族联合统治，国君一个人说了不算；而郡县制的结果就是集权，全国的权力集于国君一身，其他的官员全都成为国君的打工仔，国君可以任意裁撤杀罚。

这样一来，秦国的贵族开始消亡，国家的实力却大大增强。可以这样说，秦国是集全国之力在打仗，而其他六国，只是贵族在打仗。其结果可想而知。

商鞅的变法，受损最大的是原有的贵族。和楚国一样，等支持变法的秦孝公一死，秦国的贵族就起来讨伐商鞅；和吴起一样，商鞅最终也被车裂。但和楚国不一样的是，秦国并没有因为商鞅一死就把他那一套制度废弃了，而是延续下来继续执行。秦始皇统一天下后，又把这个制度推向全国。

与郡县制配套的还有愚民、弱民政策。商鞅认为，要让人民好管、听话，跟着国家的政策走，人民最好都傻一点，像六国的百花齐放、百家争鸣，人民太聪明了，不好管，你让他杀人，他会跟你讲仁义，你让他使诡计，他骂你没道德；还有，老百姓最好别有钱，"民富则国弱，民弱则国富"，有钱了就没人玩命上战场了，利益的刺激效果就会大打折扣，始终在温饱线上挣扎的人才会为了生存去种田，或者去打仗，也没闲工夫去琢磨国家的政策是否合理。所以后来的秦始皇"焚书坑儒"不是一个偶然的举动，这个行为和商鞅的政策是一脉相承的，就是为了控制言论，实行愚民政策。后世的帝王鉴于秦朝亡得太快，没有像秦始皇那样赤裸裸地祭出法家的大旗，而是采用了"外儒内法"的政策，外表用儒家的那一套安抚人心，骨子里还是法家那一套。商鞅的那一套，并没有随着秦朝的灭亡而消失，反而愈演愈烈，到清朝时达到了极致。

分封制和郡县制的斗争，一直持续到汉朝，项羽想要恢复分封制，刘邦想搞郡县制却又怕走了秦始皇的老路，最后在汉初立国的时候，搞了个折中的半分封半郡县的国家。这种斗争，最终以汉武帝的推恩令为止，分封制彻底消亡，中国成了一个中央集权的国家。

到底是分封制好还是郡县制好？也是仁者见仁，智者见智。欧洲自罗马帝国覆亡后，没有实现大一统的集权政府，在封建制的基础上发展出了现代民主国家，日本的封建制也一直延续到近代，现代民主政治很容易在这里生根发芽。相反的，中国的中央集权之下只会带来政权的更迭，不停地推倒重来，陷入一个死循环。有人说，中国在明朝已经出现了资本主义萌芽，如果不是清军入关，也许中国就能发展出资本主义。这完全是一厢情愿的妄想。明朝末年的那个不叫资本主义，顶多算是小作坊。集权的土壤也产生不了民主思想。就算清军不入关，李自成当了皇帝也只是又一个循环，还是一切推倒了重来，并不会比明朝进步。

封建制度下的嫡长子继承制天然地会产生资本主义，而民主也是各种势力角力后妥协的产物。汉武帝的推恩令废除了嫡长子继承制，改为诸子平分，这样资本被分散，越来越小，产生不了资本主义，只能产生小作坊；周朝的时候，国君会经常跟卿大夫妥协，而在中央集权下，所有权力集于皇帝一身，皇帝绝不会跟大臣妥协。秦始皇还带了个坏头，那就是谁有实力谁就可以当皇帝，不像日本的天皇万世一系，也不像武王伐纣那样，需要一大套理论来支持自己的行动，比如顺应天命，有道伐无道等。陈胜、吴广就更直接了：王侯将相，宁有种乎！赤裸裸就是我要替代你，丝毫不加掩饰。秦国攻入楚国郢都的时候，一把火烧了当时世界上最华美的

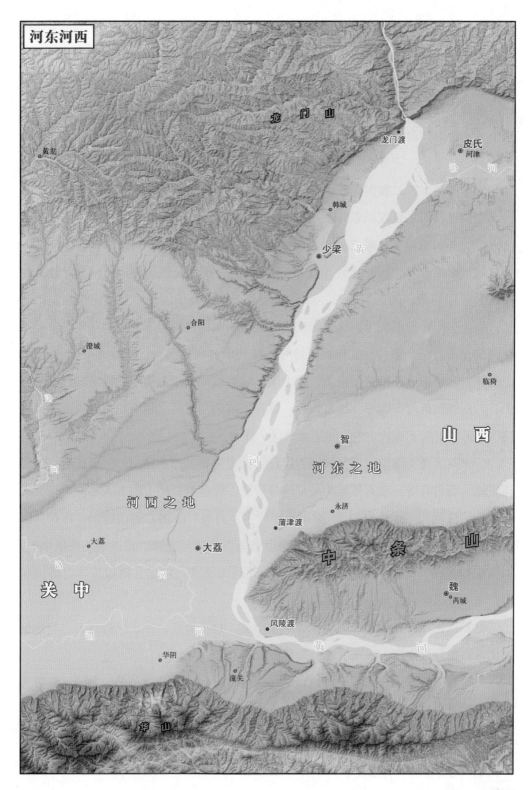

河东河西

黄龙

龙门山

龙门渡

皮氏
河津
汾河

韩城

少梁

黄

合阳

澄城

临猗

洛

山西

智

河东之地

河西之地

永济

河

蒲津渡

中条山

大荔

大荔

关中

洛

河

魏
芮城

风陵渡

黄

河

华阴

潼关

华山

楚王宫，这也开了一个坏头，后来项羽火烧阿房宫不过是以牙还牙。只不过秦始皇焚书坑儒的时候，把六国的书都给烧了，我们见不到楚宫的华美以及火烧楚宫的惨状，项羽的行为却被人记录并流传下来了。

在秦国这套法律体系下，伴随着贵族的消亡，从前的诗书礼仪不见了，什么一诺千金、士为知己者死也不要了，人们往往以国家利益的名义为达到各种目的不择手段。

比如商鞅本人。魏国曾经占据着河西之地，一直压得秦国喘不过气来，秦国是什么时候把河西之地收回来的呢？就是在商鞅的手上。这个时候的魏国刚刚在马陵之战遭受齐国重创（马陵之战孙膑打败庞涓），秦国趁魏国实力尚未恢复之际，大举攻魏。秦孝公二十一年（公元前341年）九月，秦孝公派商鞅进攻河西之地，魏国派公子卬迎战。两军对峙时，商鞅派使者送信给公子卬说：我当年在魏国的时候，和公子相处得很快乐，现在你我成了敌对两国的将领，不忍心相互攻击，要不咱俩见个面，订个盟约，痛痛快快地喝几杯然后各自撤兵，让秦魏两国相安无事，怎么样？公子卬念在旧情的份上，就去了，结果被商鞅埋伏的甲士俘虏。魏军群龙无首，商鞅趁机攻击魏军，魏军大败。魏惠王被迫割河西之地求和。商鞅也是因为这次功劳才被封了商於之地，有了商君这个称号。

后来秦惠文王继位，商鞅被诬告谋反，被迫逃亡。逃亡路上，他想住店，结果店主说，商君有令，没有凭证（最早的身份证，商鞅的发明）的客人不能住宿，否则连坐。这就叫"作法自毙"。秦国不能待了，商鞅只能逃亡邻国魏国。还好，魏国没有把他骗进来杀了，魏惠王只是怨恨商鞅当年背信弃义，将商鞅驱逐回秦国。商鞅走投无路，只能回到商於之地，真的起兵造反了，结果兵败被杀，尸体被车裂，家人被灭族。真是自作自受。

商鞅欺骗朋友还只是在战场上，两军阵前，兵不厌诈，也还说得过去。与张仪相比，商鞅只是使诈，而张仪就彻底不要脸了。

当时魏国被齐国打败后，开始衰落，秦国趁机而起，开始东扩。六国一看势头不妙，合纵对付秦国，楚王是纵约长。六国中最强的是齐楚，只要这两国联盟，秦国的东扩计划就寸步难行。于是张仪出使楚国，说楚国只要与齐国断交，秦国就把商於六百里地割给楚国。楚怀王就答应了，于是和齐国断交。等楚怀王派人去秦国交割土地的时候，张仪直接耍赖，说是六里，不是六百里。楚怀王气坏了，于是两国就打起来了。

楚怀王这么容易上张仪的当，这不是笨吗？其实不是，在礼崩乐坏的战国时代，楚怀王是礼乐文明培养出的最后一代国君，他认为张仪是穷苦人出身，从小没有接受过贵族教育，所以不懂得做人要讲诚信。楚怀王的悲剧很像当年的宋襄公，宋襄公当年讲求礼仪，败给了还有蛮夷之气的楚国。但在楚怀王时代，楚国经过几百年的发展，不但吸收了华夏文明，而且青出于蓝。楚国的衣服、楚国的舞蹈、楚国的音乐，还有楚王好的细腰，都是中原诸国追捧的时髦东西。为什么我们有个成语叫"楚楚动人"？因为楚国的一切东西都是美好的，楚成了美好的代名词。

更让楚怀王想不到的是秦昭王。秦昭王就更过分了，直接把楚怀王骗到武关，然后要楚怀王割地保命。楚怀王宁死不从，秦国就一直扣留着他，三年后，楚怀王在咸阳郁郁而终。

秦国这种做法，在楚国人民心中埋下了仇恨的种子。后来项羽起事的时候，拥立了楚怀王的孙子为义帝，仍以楚怀王为旗号，在楚地起事，一呼百应，楚国的故将纷纷来投，正是利用了人们对楚怀王的同情心。

孔子说春秋是个礼崩乐坏的时代，那是他没有看到战国时发生的事。春秋时虽然王室衰微，但秩序还在，从齐桓公打着尊王攘夷称霸中原开始，各路诸侯都得给周王面子，也得给霸主面子。到了战国，这些都不要了，一切以利益为重。孟子见梁惠王（即魏惠王，魏国把河西之地割给秦国后，为避免秦国的锋芒，把都城从安邑——山西运城迁到大梁——河南开封，人们习惯称他为梁惠王），梁惠王就直接问他，你能给我带来什么利益？孟子大失所望，感叹仁义道德已经没有市场了。六国都这样了，秦国更是有过之而无不及。秦国一直向戎狄学习，而不是师法中原，所以对华夏礼仪那一套东西抛弃得比谁都快。话说回来，秦国这种只顾利益的做法，倒是很合刘邦的胃口，所以他全盘接受了秦国法律制度以及法家的那一套内核。项羽反而干不来这种事，他要搞分封，想回到过去那种礼乐文明的社会。项羽最终兵败自杀，不肯回江东，正是士人那种不成功便成仁的精神体现；如果是刘邦，肯定是好死不如赖活着。刘邦和项羽都是楚国人，正应了那句话：楚虽三户，亡秦必楚。汉朝最终实际上是个秦制和楚文化的杂交体。汉朝的音乐、舞蹈、服饰、漆器等软性的东西都是楚国的，但硬性的东西如法令、制度还是秦国的。

秦国的郡县制能够集中力量办大事，让秦国从一个边陲小国一跃成为令中原诸侯闻风丧胆的超级大国。但也有个问题，以国家的名义剥夺人民的财富，终归是要还的。老百姓的大部分粮食都用于交税，还要服兵役，法家讲究的是严刑峻法，一切不利于战争的行为都会受到严厉的处罚，像经商啊，游手好闲啊，都被禁止，违反了就杀头。唯一的上升之路就是去战场上杀人，杀人越多获得的回报就越多。在这种激励政策下，整个国家就是一台精密的战争机器。用现在的话说，就是军国主义。秦国上至达官贵人，下至黎民百姓，都是这台机器上的螺丝钉。这种体制缺少人文关怀，缺少对生命的尊重。以军功为奖励的政策把人类最血腥和自私的一面发挥到了极致。同样的，在这种体制下，秦国需要不停地战争，不停地兼并土地以维持这台机器的运转。一旦战争结束，靠立军功的激励方式无效了，整个国家就会出问题。

所以，秦始皇统一全国，仅仅维持了十五年，两个楚国人（项羽、刘邦）就起来把秦国灭了。

这里我花了大量的笔墨说商鞅变法，不仅因为商鞅变法发生在关中，还因为商鞅变法对中国历史的发展影响太大了。

说完了商鞅，我们还是回到关中这片土地。

刘邦继续复制着秦国的统一之路，从汉中暗度陈仓夺取了关中，然后向东进兵中原，统一天下。

刘邦的这一举动再次证明，拥有关中，才能问鼎中原。相反，项羽称霸后，定都彭城（今徐州），说明他根本没想当皇帝，只想做个春秋时代的霸主，否则关中和洛阳他是不会放弃的。彭城是个四战之地，附近一马平川，无险可守，谁都可以打过来，一旦四面受敌，守都守不过来，还怎么号令天下？项羽后来果然疲于四处征伐，刘邦却在蜀汉两地偷偷发展，积蓄力量。

刘邦更是进一步证明了，拥有巴蜀，再取关中，然后问鼎中原，这个套路是成熟可行的。有了巴蜀的粮、关中的兵，就可以横扫天下。诸葛亮后来的三分天下，就是想学刘邦的样子，光复汉室，所以他让刘备先打巴蜀，再取汉中，而他自己后来六出祁山，就是为了夺取关中。如果能夺取关中，就算荆州丢了也不会影响大局，可惜诸葛亮六出祁山皆无功而返。诸葛亮的伟大，不在六出祁山的鞠躬尽瘁，而在于隐居隆中时，未出茅庐就已经看清了天下的形势，三分天下是完全按照他的规划来的。只是后来，有两件事他没料到：一是关羽失荆州，那时离《隆中对》已过了十二年；二是第一次出祁山，刘备不在了，失去了后方强有力的支持，更是二十年之后的事了。诸葛亮能料定天下十年之内的政治走向，已经非常了不起，管仲、乐毅远远比不了他。

汉朝定都长安，中间王莽篡汉，东汉定都洛阳。三国时，曹操挟天子以令诸侯，定都许昌。西晋又搬回洛阳。紧接着，永嘉之乱，东晋南渡，躲到江南偏安一隅，北方乱成一锅粥，但长安和洛阳仍是北方的中心。东晋亡后，南北朝时期，南方宋、齐、梁、陈继承东晋的华夏正统，始终以南京为首都，北方政权的首都时而长安，时而洛阳。一直到隋唐，长安迎来了它最辉煌的时刻。

唐朝的开创者李渊，是隋朝的唐国公，负责守太原，和隋炀帝杨广实际是表兄弟。李渊趁杨广下扬州的时候，先取关中，然后以关中和河东地区（山西黄河以东地区）为根据地，逐步剿灭群雄，统一中原。唐朝继承了隋朝的一切，包括科举，也包括首都洛阳和长安。

唐朝的长安城，不仅是中国的中心，也是世界的中心。当时全世界大约有一亿人，而长安就有一百万人，也就是说，全世界百分之一的人都在长安。即使在今天，世界上也没有任何一个城市可以比拟。

但最辉煌的时刻也意味着即将衰落，关中毕竟只是个小盆地，只有五万多平方千米，养活不了那么多人。随着社会的发展，人口的增多，中央政府的官僚机构越来越庞大，作为全国的政治经济中心，关中显然力不从心。关中作为四塞之地，固然好守，但同时也有个弊端，全国各地的物资要运往关中十分困难。这个时候，洛阳的地位逐渐显现出来。洛阳地处中原，交通方便，把全国的物资运往这里就方便得多，特别是隋炀帝修建了大运河之后，洛阳更是成为天下中心。但洛阳也是三面环山，北临黄河，平地比关中还小，所以后来，开封又进一步取代了洛阳。到了北宋，开封就成了首都，称为东京，洛阳还是作为副都，称西京。之前长安称西京，洛阳称东京。

其实早在唐朝之前，随着社会人口的发展，关中这个地方太小的问题就突显出来了。隋炀帝修建大运河，并不是为了下扬州去游山玩水，而是为了解决首都人民的吃饭问题。隋朝的大运河分南北两条，中间在洛阳交汇。其中南方这一条，从江南运来的物资，首先到达济水边上的汴梁（开封），再由这里运往洛阳或长安。所以，随着大运河的地位越来越重要，汴梁的地位也就水涨船高。

江南的粮食物资，到了开封或洛阳，再运到长安，只能通过黄河。黄河虽称为母亲河，只是针对上游的人民来说的，比如陇西和河套；陇西被认为是华夏文明的发源地之一，河套就不用说了，四周都是沙漠，只有黄河滋养出了几个绿洲，那里号称塞外江南，所以又有"黄河百害，唯富一套"的说法。黄河经过黄土高原，到了中下游时，对人们来说却是百害而无一利。通常大江大河有三利：航运、渔业、灌溉。这三样黄河都没有：黄河的上游经过黄土高原松软的土质，含沙量巨大，造成河水浅，难以行船；渔业就不说了，这么浑的水，能存活的鱼十分有限；又因为含沙量高，不能直接灌溉农田，必须要修建特殊的沟渠才能利用；也因为泥沙量大，它的下游河床越来越高，比普通人的房子还高，河水常常冲出河床改道，泛滥成灾。黄河泛滥的害处，在中国的历史上比比皆是，大禹一辈子都在治水，是因为黄河泛滥；商朝的首都一迁再迁，也是因为黄河泛滥。黄河几次改道，都给当地人民造成无法估量的损失。

所以，要把洛阳的物资通过黄河运往关中，是一件非常艰难的事。黄河泥多水浅，行船困难，又是逆流，冬天还结冰，难度大，时间也保证不了，其效果可想而知。实际在唐朝的时候，皇帝们就经常待在洛阳，很多人也把洛阳当作首都。刘禹锡："唯有牡丹真国色，花开时节动京城。"洛阳产牡丹，刘禹锡称洛阳为京城。

从宋朝以后，首都进一步东移到了开封，从《清明上河图》上可以看出，当时开封的繁华阜盛，无与伦比。这个时候，中国的经济重心已经到了江南，再把江南的物资费尽周折运到关中，损耗大，吃力不讨好。宋朝又是个重文轻武的朝代，努力发展文化经济，对山川险要之类的军事要塞也不太看重。

也就是从这时候起，关中失去了它以王天下的地位。中国的经济、政治中心，进一步向东、向南迁移。

第三章　江南富庶，衣冠南渡

　　江南，按字面意思，是长江以南。但在我们的历史或文学中，通常指江东，古吴越之地。这里北临长江，南靠大山，东面是大海，中间以太湖为中心，是一片平

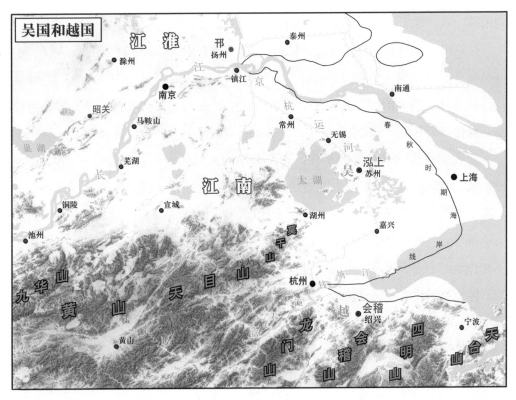

吴国和越国

原，平原上湖泊纵横，河网密布，是中国最富有的地方，同时也是花柳繁华之地，富贵温柔之乡。这里吴侬软语，风轻水柔。这里是水乡泽国，人间天堂。

但，这是现在，以前的江南可不是这样的。

早在春秋时期，这里还是一片蛮荒。这里民风彪悍，断发文身，跣（xiǎn）足而行。一直到春秋中期，吴越之地还没有登上中国的历史舞台。是两个楚国人改变了这一现状。

这两个人是谁呢？一个是巫臣，一个是伍子胥。而这两个人从楚国叛逃的原因，都是因为一个女人。

春秋中期，晋楚百年争霸。两国连年战争，最后谁也制服不了谁，形成僵局。这时候晋国想出了一个主意，扶持楚国背后的吴国来牵制楚国，这样楚国就无暇顾及中原。出这个主意的人叫巫臣，是个先知式的人物。巫臣原本是楚国人，屈氏，和屈原是一个家族的。屈家不光出忠臣，也出叛徒。我们知道一个成语：唯楚有材，晋实用之。巫臣就是其中一个。

巫臣本是楚国的大夫，属于公族。也姓芈，和楚王一个姓，也就是说，祖上和楚王是一家。楚王是芈姓熊氏，巫臣是芈姓屈氏。

在这里，我有必要说一说先秦时的姓氏，不然大家看见这些名字会很奇怪，也容易混乱。

就拿我们熟悉的《芈月传》举例子来说吧，有心的人会发现，芈月父亲叫熊商，而她叫芈月，怎么父女俩还不一个姓呢？

和我们现代人只有姓名不同，先秦时期的人，代表个人的符号主要有四个：姓、氏、名、字。比如芈月的父亲楚威王：芈姓、熊氏、名商。至于字是什么，不可考，谁叫人家是王呢，有字也没人敢叫。实际上也不是不可考，只是在秦始皇焚书坑儒以后，除了鲁国的国史《春秋》留了下来，其他的史书都被烧了，我们现在不知道而已。那就拿另一个我们熟知的人来说吧，屈原：芈姓，屈氏，名平，字原。你没有看错，屈原也姓芈，也是楚国公族之一，那为什么我们不叫屈原为"芈原"呢？听我一一分解。

先挑简单的说：名和字。

名和字我们知道，民国时还在用，之后我们就只有名，没有字了。古人一出生就有姓有名，成年后由父母给起个字，"待字闺中"就是这么来的，父母给取了字，表示你成年了，可以出嫁了。在过去，称字表示尊重，直呼其名是一种很不礼貌的行为。诸葛亮下军令，从来都是"云长"去哪里守候，"翼德"去哪里埋伏，"子龙"从哪里突袭，等等。绝不能说关羽你去冲个锋，张飞你去断个后，赵云从中间打个埋伏，有些影视剧里就这么干，这是因为编剧不了解这些常识。至于名，因为是小时候父母给取的，用来自称，表示谦虚，比如刘备要发言，一定说备如何如何，绝不能说玄德如何，否则就不礼貌了，除非是在敌人面前，比如赵云叫阵的时候常说："我乃常山赵子龙也！"这个时候就不用谦虚了。

再说姓和氏。

先秦的姓和氏是分开的，和秦汉以后有很大的不同。

所谓姓，望文生义，女生也，表明是哪个女人生的，我们看一些古老的姓都是女字旁，比如姬、姜、姒，包括秦国的嬴姓，里面都带一个女字，就是这个道理。姓的起源在母系社会，当时的人只知道是谁生的，搞不清父亲是谁，也可能当时还没有父亲这个概念，所以只表示是哪个女人生的。姓一旦继承，不会更改。姓的作用主要是别婚姻，也就是同姓不婚，因为同姓的往上数几代，最终都是一个妈生的。氏则不同，氏的变动很大，也很随意，有的以地名，如许、郑；有的以官名，如司马；有的以身份，如公孙；有的以祖上某个显赫人物名字中的一个字为氏。笼统来说，氏是姓的分支。老子生了几个儿子，有点出息的儿子就可以自立门户，有自己单独的氏，但姓还在，也不会变。比如孔子的祖上有个人，是宋国的贵族，官至大司马，叫孔父嘉（名嘉，字孔父，字在前，名在后，连着叫，先秦时的人就经常这么称呼，所以显得很奇怪），后来他的子孙逃到鲁国，就以孔为氏。宋国的国姓是子，孔父嘉是公族，也姓子；所以孔子是子姓，孔氏，名丘，字仲尼。千万别以为孔子姓孔，或者是把姓氏倒过来念。那孔子为什么不叫子子，或者子丘呢？这就涉及下面这个问题。

女称姓，男称氏。

前面说了，姓的作用是别婚姻的，女称姓，就是让前来提亲的男方知道是否同姓，以避免同姓结婚的情况。中国人很早就知道，同姓结婚容易生出傻子。既然女方已经表明姓了，那么作为提亲方的男方就没必要再表明了。男人要表现的是功绩，凡是有功绩的男人都有自己的氏，称姓是一件很可耻的事情，表明你是个啃老族。那男子未成年呢？要么用父亲的氏，要么干脆就叫公子某，再往下就是公孙某。所以孔子正确的叫法是孔丘，他可以自称为丘，他的师长或好友可以叫他仲尼，孔子是后世对他的尊称。

好，问题差不多清楚了。像《芈月传》里给人的感觉她姓芈，怎么她父亲姓熊，是不是搞错了？其实这就是女称姓、男称氏的原因。芈月这个叫法并没有错，叫熊月却不合理，女子称氏的情况也有，但极少。但先秦时期，女子的名字只在提亲时告诉对方，外人无从知晓，史书也无记载，芈月这个名字也是猜测的，她的原型是芈八子，"八子"就跟妃子、贵人一样只是个称号，不是名字。但是按照先秦的叫法，很少把姓放在前面称呼的，比如齐国的两位公主，有文采的叫文姜，嫁给宣公的叫宣姜。姜是齐国的姓，都是放后面称呼。再如我们熟知的孟姜女，翻译成现代话就是姜家的大女儿，或者直接叫"大姜"。

这里的孟、仲、叔、季表示排行。伯、仲、叔、季也是排行，区别是，伯表示嫡出，孟表示庶出。武王伐纣时，有两位孤竹国的公子伯夷和叔齐扣马而谏，说你周人是商朝的臣子，怎么能以臣伐君呢？这是大逆不道。武王本想杀了这两人，姜子牙劝住了，说这两位是大贤，他们说的并没有错。周人取得天下后，这两位公子为了表示气节，不食周粟，在首阳山下采薇而食。后来有人就对两人说："普天之下，莫非王土；率土之滨，莫非王臣。"意思就是，你不食周粟，这野菜也是长在周王的土地上，也是属于周王的。于是两人连野菜也不吃了，最终饿死在首阳山。单从名字上看，就知道他们是家里的老大老三，伯代表老大，叔代表老三。像郑庄公的兄弟叫叔段，也是这个原因，其实庄公和叔段中间还有个兄弟，只不过因为是庶出的，史书很少提及。春秋时吴国有位大贤，叫季扎，家里老四；季不光指老四，如果家里的孩子超过了四个，老大称伯，老二称仲，从老三开始都称叔，最小的称季。其实这种习惯到汉朝时还有，比如曹操，字孟德，表示是家里的长子，但是庶出的；司马懿，字仲达，家里老二；孙策，字伯符，家里老大；孙权，字仲谋，家里老二。这种对排行的惯称还会影响到姓氏，前面说过，国君的儿子称公子，那孙子呢？就称公孙，公孙后来就成了姓氏。公孙往后，过了三代，就不能再带公字了，如果是老大家里传下来的，就称孟孙，老二家里传下的就称仲孙；同理，老三家里的称叔孙，老四家里的就称季孙。孟孙、仲孙、叔孙、季孙也可以成为氏，像鲁国的三桓：孟孙氏、叔孙氏和季孙氏，就是鲁桓公的三个儿子传下来的三个家族，长期把持着鲁国的朝政。孔子就出生在三桓专权时期。

先秦时的文献所记载的女子，其实都不是她们的名字，只是一个称呼，有的是在姓前面再加一个排行，比如孟姜；有的是在姓前面加上她丈夫的号，如宣姜；有的是在姓前面加上她丈夫的氏，如夏姬。所以，芈月作为楚国的小公主，按当时的叫法应该叫"季芈"，用我们现代的话说就是"小芈"。就像《芈月传》里的燕国太后孟嬴，即嬴姓长女的意思。还有更多的例子，那个烽火戏诸侯的褒姒，翻译过来就是褒国姓姒的女子，姒姓在先秦也是大姓，褒国就是后来的汉中，褒同时也是褒国公族的氏。还有什么郑姬、蔡姬等等，最初的意思是郑国的姬姓女子或蔡国的姬姓女子；还有秦始皇的母亲赵姬，就是赵国姬姓女子的意思。东周时期除了楚国、齐国、秦国、宋国等少数诸侯外，大多数诸侯国都姓姬，所以他们的女儿也姓姬。姓姬的女子太多了，姬后来就成了美女的代称了，比如唐诗里面经常称少数民族的美女为胡姬。因为周朝的统治前后长达八百年，这个时候也是姓氏大暴发的年代，所以中国现在的姓大多来源于姬姓。

那么，秦国和楚国的王子王孙们应该怎么称呼？

秦国，嬴姓秦氏。《史记》里说嬴姓赵氏，其实也不太对，为什么呢？在商朝的时候，有位嬴姓猛将叫飞廉，飞廉有两个儿子，大儿子叫恶来，小儿子叫季胜。季胜这一支，后来给周穆王驾车有功，被封在赵地，就以赵为氏，这个赵氏后来从晋国里分出来，就是战国时的赵国。那大儿子恶来这一支呢，一直没什么功劳，就借用了季胜这一支的功劳，也以赵为氏，一直到后来因为给周天子养马有功，被封在秦地，就应该以秦为氏。

所以秦国的王族，包括秦始皇，正确的称谓应该是秦某，芈月的丈夫嬴驷应该称秦驷，秦始皇就是秦政，而不是嬴政。同样的道理，楚国，芈姓熊氏，芈月的父亲应该称熊商，而不是芈商；芈月的哥哥应该称熊槐，而不是芈槐。

搞清了先秦的姓、氏以及排行的关系，我们就可以从一个人的称呼上大致看出他的身份。

我们知道一个成语：楚虽三户，亡秦必楚。事实上，这"三户"不是三户人家，而是芈姓的三个大氏族：屈氏、景氏、昭氏。这三大氏族就是楚王的近亲，也都姓芈，是楚国公族的代表。

话说回巫臣，芈姓，屈氏，名巫或巫臣，字子灵。作为楚国的公族，巫臣在楚国也算是混得风生水起，按道理不应该和楚国结仇，起因就是因为一个叫夏姬的女人。

夏姬，本是郑国的公主（郑国姓姬，所以她也姓姬），嫁给了陈国的司马夏御叔为妻，所以称为夏姬。前面说了，这个夏是她丈夫的氏，不明白的人可能会以为，怎么两口子都姓夏？其实不是，这就是先秦时期人物称谓的习惯。

这个夏姬是个绝色美女，却又生性淫荡，像历史上的妲己、褒姒之类的红颜祸水，跟她比起来，简直就是小巫见大巫。夏姬出嫁之前就和自己的庶兄私通，后来嫁给夏御叔不到九个月就生了个儿子，取名叫夏征舒。孩子到底是谁的，我们就可以想象了。等孩子12岁的时候，她丈夫就死了，怎么死的也说不清。丈夫死了之后，她又按捺不住寂寞，先后和陈国的两位大夫私通。这两位大夫，互相争风吃醋，还把陈国的国君陈灵公也拉进来了。灵公，是后人给国君的谥号，是对国君一生作为的总结；从谥号上看，这个陈灵公就没什么好结果，灵字就是不得好死的意思。我们知道赵武灵王是饿死的，楚灵王是上吊死的，这个陈灵公是怎么死的，稍后我们就知道了。

一女三夫，这四个人怎么鬼混在一起的，我们难以想象。再说夏姬的儿子一天天长大，终于成年了，继承了父亲的官职——司马。古代男子20岁行冠礼，代表成年；女子15岁及笄（jī），笄就是我们俗称的簪子，及笄就是把头发挽起来插上簪子，表示可以嫁人了。我们可以大致算一下，夏姬这个时候至少已经36岁了，这三个陈国的大人物还天天围着她转，魅力确实不一般。要知道在春秋的时候，即使是贵族，生活条件并没有那么好，也没有我们现在那么多的保养品。

这三个人经常在夏姬家里饮酒作乐，还经常拿夏征舒的长相开玩笑，说他长得像他们三个中的谁，是谁的私生子（估计夏征舒长得确实不像他父亲）。这夏征舒正是血气方刚的年纪，哪受得了这个！终于有一天按捺不住，把陈灵公杀了，另外两个人跑得快，从狗洞里逃了，跑到楚国去报信。

当时陈国是楚国的盟国。国君被杀，这还了得，作为盟友的楚国就得出面了。

于是楚国出兵一举灭掉了陈国，抓了夏征舒，处以车裂（五马分尸），又抓了夏姬，带回来交给楚王处理。楚庄王一看夏姬长得国色天香，不由得也动了心，想纳为妃子。这个时候巫臣就站出来了。

巫臣说：陈国弑君犯上，大逆不道，所以楚国出兵讨伐，是正义之举，大王今天要是娶了这个女人，天下人就会说你是为了贪恋美色，打着正义的旗子来满足自己的私欲。

楚庄王是个雄才大略的君主，一心想称霸中原，一听这话有道理，就放弃了。

但是还有一个人也看中了夏姬，他就是楚王的弟弟公子侧（官至司马，字子反）。于是巫臣又劝说：这个女人是个不祥之物，凡是接触过她的男人都不得好死，陈国也因为她灭亡了，天下美女那么多，公子何必在这一棵树上吊死？

子反也是聪明人，仿佛看出点什么了，就说：我不娶可以，你巫臣也不能娶。

于是楚王就把夏姬赐给了楚国的一位贵族连尹襄老（听名字像个老头子，是个鳏夫；连尹，楚国主射之官）。但是这位襄老显然没那个福气。第二年，晋楚争霸的邲之战打响，晋国大败，楚庄王隐忍多年，终于通过这一战成就了自己的霸主地位。正是在这一战中，襄老战死，尸体也被晋国拿走。襄老的儿子没有急着为老爹报仇，而是急着回家把夏姬霸占了。晋国后来把襄老的尸体放到了郑国那里。郑国正好处于楚国和晋国之间，是个受气筒，这两个大国谁想展示一下肌肉都是先拿它试手。郑国无所适从，就干脆做个墙头草，谁来了它就投降谁，没有原则，也没有底线。晋国这一仗虽然打败了，但毕竟是大国，直接把襄老的尸体还给楚国就会觉得很没面子，所以放到了郑国，意思是让楚国自己去取。郑国正好是夏姬的娘家，巫臣传话给夏姬，说："你只要回到郑国，我就娶你。"夏姬于是向楚王求情，说去郑国要回襄老的尸首。巫臣也极力唆使楚王答应这个合理的要求。于是楚王答应了，然后夏姬回到了郑国。

巫臣说得容易，但作为楚国的重要人物，想离开楚国没那么容易。一直等到八年后，晋国和齐国打起来了，齐国向楚国求救。楚国派巫臣出使齐国，巫臣走到郑国，带上夏姬，就投奔晋国去了。这个时候夏姬已经四十多岁了，还能让巫臣为了她抛家舍业，实在是不一般。

从这里我们可以看出，巫臣为了达到自己的目的，可以隐忍多年，也可以看出他的老谋深算。

这个时候楚庄王已经死了，在位的是楚共王。但子反还在，他得到这个消息后，暴跳如雷。此前巫臣还得罪了楚庄王的另一个弟弟子重（子重后来成为楚国的令尹，也就是宰相），有一次楚军打了胜仗回国，子重请求把申邑（申国，后来的宛城）封给他。楚庄王答应了，申公巫臣却认为那里是军事要地，不能随便分。于是楚庄王就不给子重了。

现在，复仇的机会终于来了，于是子重、子反带着人把巫臣全家都给杀了，还顺手把襄老那位儿子的全家也灭了。

巫臣得到这个消息后，痛苦不已，发誓要让楚国从此不得安宁。

巫臣到了晋国，得到了晋国的重用，被封为邢邑（今河南温县东）大夫。于是给晋景公出了连吴抗楚的主意。

怎么联吴抗楚呢？当时吴国还很落后，跟楚国根本不是一个数量级的，让它去招惹楚国，岂不是鸡蛋碰石头吗？

巫臣的计划是，先强吴，让吴国发展强大。吴国只要强大了，就会扩张，首当其冲的目标就是邻居楚国。如果在楚国东面竖起一个强大的敌人，楚国就无暇北顾了。这就像冷战时期美国扶持日本牵制苏联一样，我离你太远，干仗不方便，就在你眼皮底下扶持一个敌人，时时牵制你，你就没精力跟我斗，我好腾出手来大力发展。这一套，两千多年前我们的祖先就玩过。

当时的吴国，是个什么状况呢？

当时吴国仅仅占据太湖一带，首都在姑苏。当时这里还是蛮夷之地，虽然经过几代吴王的治理，但还是很落后，和中原也没什么来往。不会驾车，不会行兵布阵。

春秋时的战争，以车战为主。一辆战车由四匹马拉着，上面站着三个军士（也称战士，由贵族组成），左边的拉弓放箭，中间的驾车，右边的持长武器勾刺；一辆战车要配备大约七十二名步卒（由平民组成），称为一乘。所以当时的百乘，接近八千人。千乘之国，就是大国了。四匹马拉的战车，在当时就像坦克一样，在战场上非常有冲击力，但不好驾驭。四匹马如果协调不好，不但增加不了战斗力，还会起反作用。所以中原的贵族从小就要学六艺：礼、乐、射、御、书、数。这其中的御就是驾车，是一项技能，要通过长久的练习才能掌握好。

战车是中原的产物，身处南方的吴国既不产马，也不懂御车，要想跟楚国抗衡，谈何容易！

于是巫臣亲自跑到吴国，教吴国人怎么驾车，怎么行兵布阵，怎么行周礼，怎么耕田种地，总之巫臣把楚国的那一套先进技术全教给了吴国。吴国人这才紧跟着华夏文明亦步亦趋。巫臣后来还把儿子留在吴国当外交官，接替他在吴国未竟的事业。

在巫臣以及他儿子的不断支援下，吴国逐渐强大，经常派兵在吴楚边境骚扰，让楚国很是头疼，果然无暇顾及中原。到了春秋末期的时候，吴国已经强大到可以与楚国抗衡，两国之间战争不断，进入僵持阶段。

这时候，另一个楚国人出场了。这个人就是伍子胥，伍子胥也是个先知式的人物，比巫臣更甚。

伍子胥与楚国结仇，起因也是一个女人。这个女人是秦国的公主（孟嬴）。秦国公主本来是要嫁给楚国太子建的。太子建有两个师傅，一个是太师伍奢，一个是少师费无极。去秦国迎亲的是费无极，费无极看秦国公主长得漂亮，为了讨好楚平王，就极力劝说楚平王纳为己有。楚平王不是楚庄王，见色起意，就答应了。时间一长，楚王渐渐老去，太子总有一天要继位的，费无极担心太子继位后会报复自己，于是诬陷太子谋反。

太子一向敬重伍奢，讨厌这个费无极，所以费无极跟楚平王说，伍奢是同谋。楚平王信了，就要抓太子。太子逃往宋国，伍奢被抓。但伍奢还有两个儿子在外面，费无极知道，如果只杀了伍奢，这两个儿子将来一定会来报仇。于是逼着伍奢给儿子写信，说如果你两个儿子回来，我就放了你们全家，如果不回来，就杀了你全家。明眼人一看这就是个骗局。大儿子伍尚为人忠厚，明知是计还是回来了，和父亲一同被杀。二儿子伍员（伍子胥）只身逃到宋国去找太子。结果宋国内乱，两人又逃到郑国。在郑国，太子建因为参与了郑国的政变，被杀。伍子胥只好一人出逃，沿着大别山北麓，过陈国，最终逃向吴国。

到了吴国，伍子胥恰好赶上了一个机会，就是吴国的公子光和吴王僚在争夺王位。

公子光和吴王僚是什么关系呢？这得从他们的爷爷说起。话说老吴王有四个儿子，其中老四就是我前面提到过的季札。老吴王特别喜欢这个季札，就想把位子传给他，但又碍于春秋的礼法，要么父死子继，要么兄终弟及，父死子继只能传位给嫡长子，于是想了一个折中的法子：死后让老大继位，老大死了老二继位，老二死了老三继位，老三死了老四（季札）继位，这样目的就达到了。

老大、老二都遵守了先王的遗训，死后把位子传给弟弟。老三死后，终于轮到老四了，关键的时候到了，可以实现老吴王的遗愿了，但季札却不愿当王，最后逼急了，干脆跑出了吴国。后来他到了鲁国，收了个弟子，这位弟子名叫孔丘。

那吴国的王位怎么办？只好由老三的儿子继承下来，这个人就是吴王僚。但老大的儿子不愿意，心想这王位本来是我家的，传给老三也不过是过渡一下，目的是传给老四，既然老四不干，也该还给我们家才对，你老三家凭什么霸占这个位子呢？这老大的儿子就是公子光。

伍子胥一个人历尽艰辛逃到了吴国，因为吴王僚不肯出兵伐楚，就投奔了公子

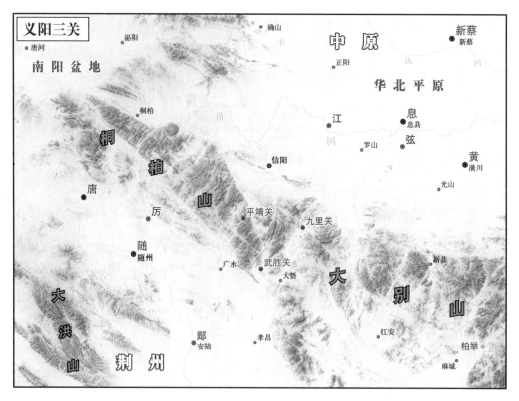

光。伍子胥一心报仇，到了吴国后，做了两件事：一是找到了刺客专诸，刺杀了吴王僚，帮公子光夺取了王位，公子光于是改称为吴王阖闾；二是向阖闾推荐了兵法家孙武，帮吴国训练军队。

就这样，几年之后，也就是在公元前506年，伍子胥和孙武，带着吴国军队，没有走长江通道，而是向北经邗沟进入淮河，沿着大别山的北麓逆流而上，一直到了淮河的源头，才弃舟登岸，从桐柏山和大别山之间，也就是义阳三关这个地方攻入楚国。义阳三关在两山中间的峡谷里面，三关相连，并不好走。这是《孙子兵法》里出奇制胜这一军事思想的首次实践，楚国防守吴国的重兵都把守在沿长江一线和吴国交界的地方，也就是从九江到安庆这一带，万万没想到吴国会走北边，即使走北边也没走宛城下襄阳，而是出其不意地走了义阳三关，结果被打了个措手不及。楚国头一回被人攻入腹地，惊慌失措，忙调集兵马迎战，吴军诱敌向东，双方在柏举（今麻城）进行了一场会战，楚军大败。然后吴军势如破竹，一直打到郢都（今湖北荆州）。

但这时候杀害伍子胥父亲和哥哥的楚平王已经死了，伍子胥就把楚平王从坟墓里挖了出来，鞭尸三百，才算解了恨。

鉴于楚国根基太强大，又从秦国搬了救兵，吴国不久就从楚国撤了出来。从此以后，楚国元气大伤，吴国登上了霸主的地位。吴国第一次在中原亮相，就打败了强大的楚国，令诸侯震惊。在这之前，楚国的都城郢都是不修城墙的，以楚国的纵深，楚王认为没有人会打到郢都。但是吴国，一出场便让所有人都吃了一惊，巫臣的计谋在他死了多年以后得以实现。

从此以后，吴国这个地方与中原各地的命运就息息相关了。

但是吴国这时还不算真正的强国，伍子胥死后，新兴的越国灭了吴国，越国最后又被楚国所灭。吴越这两个国家，相对中原诸侯来说，还是野蛮国家，无论是吴国攻打楚国，还是越国攻打吴国，采取的都是赶尽杀绝的方式。吴国在占领郢都之后，甚至纵容军队奸淫楚王和大臣们的妻女，这在以前的诸侯战争中是不可想象的。以前诸侯争霸是君子之战，只要你投降了，承认我是盟主就可以；即使是灭国了，也会给原来的国君一块地，让你当个小地主，保留你的宗庙，过你的小日子。吴国开启了野蛮战争的先河，越国青出于蓝，后来秦国把这个发挥到了极致。

江南，也就是吴越之地，真正成为中国文明富饶的地方，主要在于三次衣冠南渡。

第一次南渡，是在五胡十六国时期。

五胡十六国是中国历史上的大混乱时期，我们先把这段历史捋一捋。

我们知道，三国的时候，曹魏篡汉，后来司马家族又篡了曹魏，这就是西晋，西晋后来统一了中国。司马家族从司马懿开始，擅长内斗搞自己人。曹家的天下好歹是打下来的，司马家的天下纯粹是窃取的。这一点让司马家一直很心虚，为了避免人们怀疑他们坐江山的合法性，就控制人们的言论，不许大臣们妄谈国事。从此，士大夫不谈国事，只能喝酒，吃五石散，清谈。司马家呢，外人都闭嘴了，自己不消停，搞内斗。司马昭让儿子称了帝之后，到了他的孙子司马衷，就是那位"何不食肉糜"的皇帝手里的时候，发生了八王之乱。司马家的八位亲王，你方唱罢我登场，斗来斗去的结果是国力空虚，导致北方五个主要游牧民族趁机南下，杀入中原，这就是五胡十六国的开始。五胡指的是匈奴、鲜卑、羯、羌、氐五个游牧民族。其中以匈奴为首，匈奴人先占据着山西，然后南下攻取西晋的首都洛阳，杀了皇帝，西晋灭亡。北方士族王导拥立琅邪王司马睿，在建康（今南京）登基，东晋开始。王家也从此权倾朝野，"旧时王谢堂前燕，飞入寻常百姓家"，说的就是他们家，另一家就是谢安他们家，两家一直把持着东晋朝政。东晋是世阀专权的时代，尤以王谢两家为代表，皇权相对弱势。

其他的少数民族也纷纷效仿，先后在北方建立了几十个国家，能排上号的有十六个，与东晋南北对峙，所以叫东晋十六国。北方长期处于混战状态，汉人就倒了霉，当官的抓了就杀，老百姓抓了就做奴隶。于是大批的汉人渡过长江，跑到东晋。这只是南渡的开始，一直到北方被鲜卑人建立的北魏统一为止，前后一百多年，不断有汉人从北方跑来。北魏非常痴迷于汉文化，大力推行汉化政策，汉人在北方才有了喘息之机。

这些从北方来的汉人，不但带来了大量的人口，还带来了中原的文化、技术，使江南第一次成为中国的政治和文化中心。东晋以后，南方是宋、齐、梁、陈，再加上前面三国时期的东吴，就是六个朝代，简称六朝，都是定都南京，南京称六朝古都，就是从这里来的。六朝在中国文学史上具有极重要的位置，在此之前，所有的文学都是对经史子集的解读。所谓的文以载道，主要讲的是治国之道，文章只是个载体。六朝开始，艺术家们开始关注自己，关注自然，文学理论也空前繁荣，文学脱离了政治，成为一门独立的艺术。正是六朝文学播下了种子，才有了不久后唐朝诗歌的空前繁荣。春秋时期，吴国的首都在姑苏（今苏州），越国的首都在会稽（今绍兴），到了三国，东吴的孙权为了北进中原，筑石头城，把首都从苏州迁到了石头城，并把这个地方改名为建业，就是现在的南京。所以从六朝起，江南的中心从姑苏北移到了南京。六朝的古迹，成为唐朝诗人凭吊怀古的绝好题材，几乎每个唐朝大诗人都到江南写过怀古诗。"南朝四百八十寺，多少楼台烟雨中。""姑苏城外寒山寺，夜半钟声到客船。"读唐诗，要了解他们对六朝的情怀。唐诗里有很多咏叹六朝时事的诗，如果不了解六朝情况，对唐诗的理解也会大打折扣。

在东晋灭亡的同时，北方被北魏统一，历史进入南北朝时期，所以也有人把这段时期称为魏晋南北朝。这个魏是曹魏，不是北魏。

这个时期也是书法艺术发展的一个巅峰。我们知道，汉字的字形，是一直在不断发展变化的。商朝时用的甲骨文，现在除了专家，普通人根本不认识。周朝使用篆书，也称为大篆，笔画烦琐，写一个字和画一幅画一样。秦统一中国后，丞相李斯将篆书的笔画进行了简化，推向全国，这就是秦小篆，我们现在刻章时经常会用到这种字体。但是，就算是小篆，书写起来还是很烦琐，贵族们为了减少工作量，经常让自己的奴隶帮忙，作为书记员的奴隶在抄写文字的时候，又将笔画进行了简

汉 字 字 体 的 演 变							
甲骨文	金文	小篆	隶书	草书	楷书	行书	简化字
馬	馬	馬	馬	馬	馬	馬	马
旅	旅	旅	旅	旅	旅	旅	旅
老	老	老	老	老	老	老	老

化，而且发明了蚕头雁尾这种更适合毛笔书写的笔画方式，这就是隶书。隶书是汉字发展的一大进步，使汉字由笔画组成而不再是图画组成。隶书其实早在战国时期就有了，在汉朝得到了普及。到了东晋，汉字的书法进入一个辉煌时期，这时草书、行书都飞速发展。然后楷书也被创造出来了，这个由王羲之、王献之父子定型的新字体，成为各种字体的楷模，所以称为楷书。楷书也是后世各种印刷字体的样本。注意了，现在我们练字，都习惯于从楷书练起，再练行书、草书，所以会误以为是先有了楷书，后有的行书和草书。其实不是，事实上行书和草书都是从隶书发展而来的，楷书是最后才出现的。

与此同时，北方的魏国，大兴佛教（其实南方也大兴佛教，"南朝四百八十寺"说的就是这时候修建的寺庙，但北魏更甚），兴佛教就要修寺庙。著名的少林寺，就是在这个时候修的。寺庙修建后，就要大量的刻碑，记事或记经文，这就出现了一种新的字体——魏碑。这里的魏指的是北魏，不是曹魏。魏碑是一种介于隶书和楷书之间的字体，是由大量不知名的底层知识分子创造的，因为有名的知识分子都去了江南。所以，魏碑远没有楷书的地位和名气。

佛教早在东汉就传入中国，为什么会在这个时候突然兴起呢？

作为本土宗教，道教在此之前一直占据着统治地位。汉初，文景之治以黄老之学治国，与民休息，道教风行一时。汉武帝的时候，董仲舒提出"罢黜百家，独尊儒术"。董仲舒的儒学其实已经不是春秋时代孔子的儒学，孔子强调的是礼（社会秩序）和仁（人文关怀），董仲舒的儒学掺杂了其他一些学说的思想，最主要的一点是强调大一统，强调君权神授，从此为历代帝王所推崇。到了东汉末年，道教的一支——太平道兴起，引发了黄巾之乱，历史进入三国时代。动乱造成皇权更迭，百姓流离失所，也极大地败坏了道教的名声，从此其地位一落千丈。西晋之后，儒学的入世思想也遭到打压。从三国开始到南北朝，一直到最后隋朝统一全国，战争持续了将近四百年。连年的战争，各种杀戮、叛乱、篡权的事层出不穷，无论是士大夫还是百姓都苦不堪言，现实社会已经到了令人绝望的地步。道教让人恐惧，儒家也让人失望，只有佛教还能给人以安慰，让人们在连绵不绝的乱世中不至于精神崩溃。而佛教在传入中原后，各种经典都已经翻译出来了。像白马寺的《四十二章经》，东汉时就传进来了，是最早的汉译佛经；达摩来到少林寺，创立了禅宗，还带来了《易筋经》《洗髓经》，这也是少林功夫的起源。总之，各种机缘巧合，让佛教兴盛起来，一时成为全国性的宗教。

第一次南渡，江南保留了汉文化，并且发扬光大。第二次，发生在五代十国时期，这又是一个乱世。

唐朝末年，黄巢之乱，各地节度使纷纷独立，北方又打成一片，李氏王朝灭亡。中原地区先后经过五个政权更迭，所以称五代，即梁、唐、晋、汉、周；中原之外，先后存在过十个地方政权，称十国。十国之中以吴国最强，占据着江南，以金陵（南京）为首都。中原唐朝被后梁替代后，吴国不承认后梁正统地位，仍然沿用唐朝的年号。后来中原出现了一个后唐，吴国尊后唐为正宗。后唐灭亡后，吴国的实际掌权者徐知诰干脆自己夺了位，改名为李昪（biàn），以唐为国号，以大唐正宗自居。这就是我们熟知的南唐。

南唐虽然和大唐没有什么血缘关系，但对唐朝的感情很深。唐朝以前有西都长安和东都洛阳，南唐也设两个首都，西都金陵，东都扬州。南唐的军事制度，也和唐朝一样，有中央禁军、节度使镇军和各地乡兵之分。南唐还和北方的辽联合，随时准备北伐，收复中原。

南唐以这种对大唐王朝的眷恋之情吸引了大批从中原来的士族和百姓，南唐怀着包容之心收留了他们。这些南渡的中原人士，进一步促进了江南地区的经济和文化发展，江南又一次成为中华文明的避难所。南唐推崇尚文的风气，很少动武，社会稳定，这使得在动乱年代，南唐成为一个避风港。也就是在这个时候，词这一诗歌艺术得到了发展，以南唐后主李煜为代表，为宋词的发展开了先河。李煜在被北宋灭国之前写的词，以风花雪月为主，亡国之后的词，深沉哀婉。"问君能有几多愁，恰似一江春水向东流"流传千古。

一直到北宋统一全国，北方的动乱才算结束。但好景不长，一百多年后，"靖康之耻"发生，继五朝十六国之后，这又是汉族历史上的一次浩劫。于是北方的士族又一次衣冠南渡，在杭州建立了南宋。

这一次是金人，攻占了汴梁，抓了徽宗、钦宗二帝，将其全家老小和义武大臣三千多口全部押往金国，这些人一路上受尽各种屈辱折磨，大多死得非常凄惨。

金人的暴行，对汉族士人心灵上的打击，在宋诗里经常有反应。尤其是陆游，写了大量的亡国诗。如"遗民泪尽胡尘里，南望王师又一年。""王师北定中原日，家祭无忘告乃翁。"可惜，在这个山清水柔的南国，南宋的皇帝们只顾享乐，根本不想回到那个战火连连的中原。"暖风熏得游人醉，直把杭州作汴州。"赵构本是一个八竿子打不着的皇子，好不容易天上掉下个馅饼砸到自己脑袋上，坐上了皇位，如果北上抗金，真把前面两位正宗皇帝接回来，那他怎么办？所以岳飞没想明白这个问题，一意抗金，最后被处死。秦桧只不过替老板背了黑锅，其实让岳飞死完全是赵构的主意。

金人还在北方大肆烧杀抢掠，种种恶行，真是罄竹难书。但这还不算完，金人没赶走，蒙古人又来了。整个南宋期间，江南成了汉文化的大本营，也为汉文明的延续提供了场地。从这时候开始，江南真正成了全国的文化和经济中心。

也正因为如此，明朝一开始才把首都定在南京。因为此时，只有江南才能供养那么大的一个中央政府，况且江南已经是全国的文化中心，离开了文化的政权就很难谈得上正统了。至于后来又定都北京，实在是个意外，因为元朝起了个头，还修了京杭运河。实际上，把江南的物资千里迢迢运往北京，费时费力，所以在元明清三朝，漕运是件大事。

这三次衣冠南渡，奠定了江南首善之区的地位，同时也带来了另一个结果，那就是客家人。

所谓衣冠南渡，指的是士族，当官的才会有冠，老百姓头上绑片布就可以了，称为帻（zé）。当官的当然往好地方、大城市跑，有名望的到了南朝依然可以做官，有钱的至少可以到江南买房子买地，还是个富人。可穷人呢？尤其是那些在战乱中流离失所的人，他们占了南渡人数中的绝大多数。他们大部分是百姓，对他们来说，南渡只是为了逃生。这部分人怎么办？城市里难以为生，就只能钻山沟了。在长江的南岸，除了荆襄和江南这两个地方有平原沃土外，往南一直到广州的珠江口，全部都是连绵不绝的山区。中原人逃到江南，特别是后来的人，好地方早已有人占了，只有山沟里还有空间。可山沟里并不是荒无人烟，有土著（越人），可能还有早先到此的汉人。山里资源少，为了争夺土地，还时常发生冲突。于是这些北来的中原人结群而居，他们甚至把房子修得像碉堡一样，以防止附近的山民攻击。这些人没有忘记他们是从中原来的，到这里只是为了谋生，像做客一样，尽量与周围的土著和睦相处，不要引起纷争。于是他们自称为客家人，他们修得像碉堡一样的房子就是土楼。

南下的中原汉人一波接一波，先来的占据了较近的位置，只在湖南、江西、福建一带，后来的没有空间，只能再往南移，于是到了广东的北部，最后来的，最远已经到了广东的梅州。这些从中原来的汉人，因为分不同时期，带着不同朝代的中原口音，虽统称为客家话，却是有区别的。据说，全世界客家人有八千万之多，是一个非常独特的汉族群体。西方人最早知道的汉语，就是客家话、广东话，而不是现在的普通话。

元明清虽然定都北京，但经济文化中心仍在江南。首先是元朝的戏曲，昆曲是现今最古老的剧种，发源于苏州的昆山。也是百戏之祖，现代各种戏曲都从中吸收了养分。现在被称为国粹的京剧，就是以徽剧为基础，吸收了昆曲、汉调和秦腔形成的。明朝的东林党，是聚集在江南的一个文人社团，左右着明朝的政局。从有科举开始的那一天起，历朝历代，中进士最多的就是江南。到了近代，上海开埠之后，十里洋场更是文人会集之地，他们挥洒笔墨，指点江山。现代许多大师级的人物都出自江南。鲁迅，浙江绍兴人；巴金，祖籍浙江嘉兴；徐志摩，浙江海宁人；钱钟书，江苏无锡人。上海在清朝以前，只是个小渔村，海运的发展，给上海带来了机遇，同时也让京杭大运河日渐衰落。在战国时期，上海是楚国春申君的封地，当时这个地方就叫申，也是现在上海的简称之一。清末到民国，上海已是当时世界级的城市，有东方巴黎之称。

从最早的蛮荒之地，到后来的首善之区，江南见证了整个中国历史的发展。

第四章 人说山西好风光

我们现在知道山西简称晋，是因为东周时这里有个强大的晋国。其实这里最早不叫晋，而叫唐。没错，大唐的国号就是从这里来的。

山西这个地方开发很早，上古时期，五帝之一的尧帝，一开始在临汾，后来又在太原建都，当时就叫唐，称陶唐氏，所以尧又称为唐尧。

西周时期，周成王灭了古唐国，把自己的弟弟叔虞封在这里，仍称唐。以国为氏，叔虞也称唐叔虞。如果你不知道叔虞是谁，大概知道"桐叶封弟"的故事，说的就是成王和叔虞的事。这个典故出自《吕氏春秋》，说有一次周成王和弟弟叔虞在一起玩耍，周成王把一个梧桐叶剪成圭玉的形状，给他弟弟，说："我把这个封给你！"我们知道，周公之所以辅政，就是因为成王年纪小。当时成王和叔虞两个人都是小孩子。叔虞当了真，拿着桐叶就去找周公，说我哥哥封我了。周公（旦）就问成王是不是有这事，成王说："我们是闹着玩的！"周公说："天子无戏言！"于是成王就把唐国这块地封给了叔虞。

后来叔虞的儿子继位后，因为境内有条晋水，就把国号改为晋，这就是我们熟知的晋国。现在太原市西南的晋祠，一开始就叫"唐叔虞祠"，是后人为纪念唐叔虞而建的。就像唐国改成晋国一样，唐叔虞祠后来也改称晋祠，晋水的源头就在晋祠内。

春秋时诸侯争霸，主旋律就是晋楚争霸，其他三霸偶尔亮相，众多诸侯"打

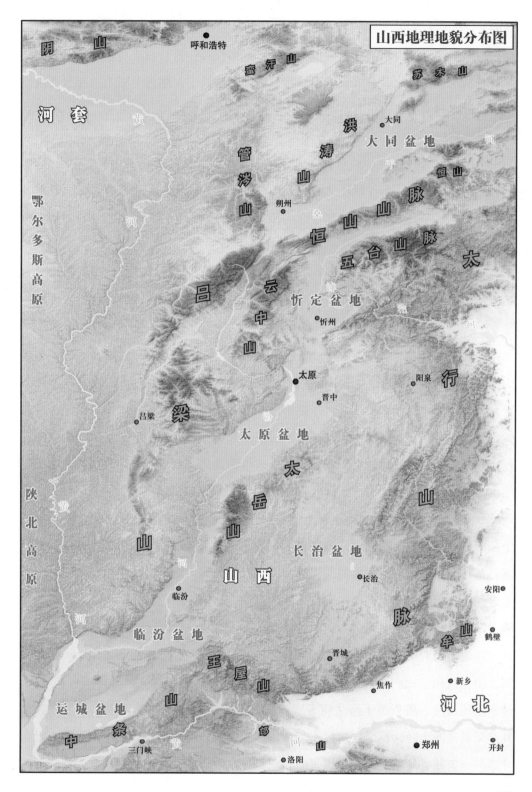

山西地理地貌分布图

阴山

河套

黄河

呼和浩特

蛮汗山

苏木山

洪涛山

大同

大同盆地

鄂尔多斯高原

管涔山

朔州

平

恒山

恒山山脉

吕梁山

云中山

五台山脉

太

五台

忻定盆地

忻州

太原

行

阳泉

吕梁

梁

晋中

太原盆地

太

陕北高原

黄河

岳山

长治盆地

山西

长治

安阳

山

临汾

脉

山脉

临汾盆地

王屋山

晋城

鹤壁

牟山

运城盆地

条中山

三门峡

邑

焦作

新乡

河北

黄河

洛阳

郑州

开封

059

酱油"。齐国从齐桓公死后，一代不如一代，最后被田氏篡了权；宋国算不算霸主存在很多争议，因为宋国除了爵位高之外，好像没有什么特别的功绩；秦国只在秦穆公时昙花一现，此后又沉寂了很多年；吴国不用说了，刚当上霸主，屁股还没坐热，就让越国给灭了。只有晋楚，两个大国长期抗衡，持续一百多年，左右着春秋到战国的格局。

楚国的强大好理解，地盘大，人才多，又占据着长江、汉水之利，鱼米之乡，物产丰富，单是雨热条件就比北方好，粮食的产量也就比北方高，自然能比北方养更多的兵，不强大都没道理。那晋国为什么会这么强大呢？其实跟它独特的地理位置有关系。

有一首歌唱得好："人说山西好风光，地肥水美五谷香。左手一指太行山，右手一指是吕梁。站在那高处望上一望，你看那汾河的水呀，哗啦啦啦流过我的小村旁……"

短短几句歌词，就把山西的地理特点勾画出来了。山西南面是王屋山、中条山，山外是黄河，与中原地区隔河相望；东面是太行山，从黄河向北一直延伸到北京，与北京北面的燕山相连，直接把山西和华北平原隔离开来；西面是吕梁山，吕梁山外又是黄河，所谓表里山河指的就是这里，这一段黄河把黄土高原从中间切开，隔开了山西与陕北，谷深水急，难以通行；北面有恒山，再往北还有大阴山和燕山的余脉，历朝历代在这里修筑长城，以阻挡从蒙古高原过来的游牧民族。

如果仅仅是外面有山川阻隔也就罢了，两条大山脉之间还有河流，河中又有山，形成五六个肥沃的盆地，随便一个盆地拿出来，都可以与关中媲美。这种地形既容易让山西形成一个强大的割据势力，同时也因为内部不是一个单一的平原，平原之间还有山脉阻隔，又容易造成山西内部的分裂。三家分晋和山西的地形有很大的关系。

先说山西两条有名的河。这两条河都发源于宁武县，一条叫桑干河，一条叫汾河。桑干河由宁武向东北流向大同，中间经过黄土高原，像黄河一样，含沙量大，经常泛滥成灾。所以桑干河又叫无定河，无定的意思是说河床不固定，经常摆动，其结果就是河水经常泛滥，造成沿河两岸人民受灾。无定河折向东南，沿着太行山北端的一条峡谷流到北京，进入平原，更是经常改道。金代这里称卢沟，卢沟桥的名称由此而来；康熙年间，大力疏浚河道，加固堤岸，才改变了无定河泛滥的历史，于是改名为永定河。永定河最终流入天津的海河。

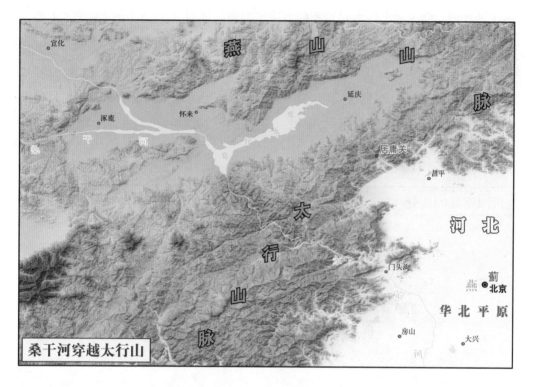

桑干河穿越太行山

　　另一条汾河，全部在山西境内，向南流经太原、临汾、运城三个盆地，从西南流入黄河。这三个盆地是山西最早开发的地区，尤其是临汾盆地，唐尧定都平阳（临汾），叔虞定都唐（翼城），晋国的活动中心就在曲沃、侯马、襄汾一带，赵简子在三家分晋之前，才开始往北拓展，着手建晋阳（太原）。山南水北谓之阳，晋阳因在晋水之北而得名。晋阳又在汾河的上游，这一带是汾河出了吕梁山后的第一个冲积平原。春秋末年，三家分晋，赵国定都晋阳，后来迁到河北的邯郸；魏国定都安邑（夏县），后迁到河南的大梁（开封）；韩国第一个跑出了山西，在中原的阳翟（今河南禹州，大禹建立夏朝定都的地方）建都，后来迁到新郑。三家分晋是春秋进入战国的标志性事件，山西又称为三晋也是因为这个。整个晋国的活动范围基本在汾河流域。

　　说到三家分晋，就得说说曲沃代晋这件事。可以说，正是曲沃代晋，为后来的三家分晋埋下了隐患。

曲沃代晋（也叫曲沃代翼）发生在春秋早期，起因是晋昭侯继位的时候，他的叔叔桓叔权势过大。晋昭侯为了摆脱桓叔的控制，就把他封到了曲沃。问题是曲沃的土地比国都绛（翼）还大，晋昭侯解决了眼前的燃眉之急，却给国家留下了动荡的因子。曲沃一天天发展壮大，渐渐地就想取而代之了。晋昭侯是大宗，曲沃桓叔是小宗，现在小宗想取代大宗，于是双方发生了一场长达六十七年的战争。最后，公元前678年，曲沃武公灭掉了晋侯一系，用抢掠来的珍宝器物贿赂周天子，周天子得了好处，就册封曲沃武公为晋君，列为诸侯。就这样，曲沃小宗彻底打败绛（翼）城大宗，夺得晋国正统地位。

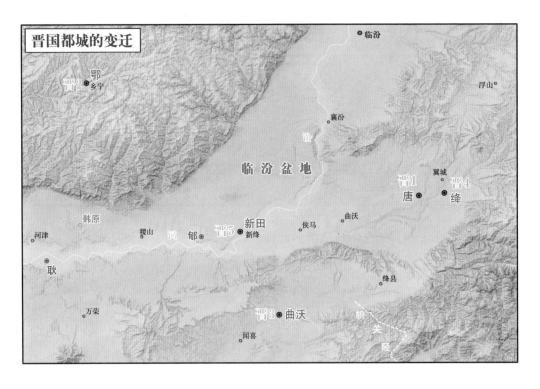

曲沃代晋给了晋国一个非常不好的榜样，那就是只要用武力，小宗可以取代大宗，宗法制也可以不遵守了。连周天子都承认了，大家也别不好意思。也正是因为这个原因，夺取正统地位的曲沃一系为了防止别人效仿，对公族一向排斥，宁可重用外姓人。

这个排挤公族的传统到晋文公（重耳）时发展到了极致，以至于后来晋国形成了六卿专权、公室架空的局面。什么是六卿？晋文公回国后建立的军事政治制度，将晋军分为中、上、下三军，每军设将、佐各一名，共六人，称为六卿，按地位高低依次是中军将、中军佐、上军将、上军佐、下军将、下军佐。这六人按照"长逝次补"的原则，轮流执政。这六卿也是世代传袭，最后形成了六大家族：赵氏、韩氏、魏氏、智氏、范氏、中行氏。后来范氏和中行氏败落，只剩下四卿。四卿里智氏最强，经常欺负赵、魏、韩三家，到春秋末期，赵、魏、韩三家联合起来灭掉了智氏，直到最后三家分晋。

补充一点，所谓的公族，就是由国君一脉传下来的直系亲属。我们看先秦的文章，只要看到某人称公子某的，就知道他是国君的儿子。按周朝宗法制，国君死后，嫡长子继承君位——嫡长子就是正室的大儿子，嫡在前，无嫡子再选长子——其他的儿子就是公子，封为卿大夫，协助国君管理国家。所以周朝各诸侯国的政体实际是贵族联合执政，国君的权力有限，像鲁国的三桓，完全把鲁侯给架空了。公子这个称谓，后来泛指王公贵族家的孩子，但在先秦，特指国君的儿子，国君尊称为公，国君的儿子就是公子，公子的儿子就是公孙。商鞅曾称公孙鞅，看称呼就知道他什么身份了。公孙后来演变成为一个姓，就是以身份为氏的例子。

春秋时期，大多诸侯国的政治都把控在公族手中，职位也是世袭，但晋国却是个例外。重耳逃亡十九年，跟随他的都是外姓人，这些人后来都得到了重用，外姓的权力越来越大，公族进一步被排挤。引进外姓有一个好处，就相当于引进了竞争机制，总有能干的人冒出头来。所以晋文公虽然只当了九年国君，他死后，晋国依然强大，和楚国争霸近百年，即使后来三家分晋，赵、魏、韩每一家拿出来都是战国一雄。引进外姓也有一个坏处，外姓的爵位也是世袭的，总有一天会坐大，国君一旦被架空，国家也得改姓。像鲁国，虽然三桓当权，但好歹三桓也属于公族，也是姬姓鲁氏，国家不至于改姓。三桓是鲁桓公的三个儿子传下的分支，所以称三桓。但晋国的情况则完全不同，其结果也大相径庭。

说到晋文公，我们不得不提到一个节日——清明节。中国有两个最古老的节日，一个是端午节，纪念楚国的屈原；另一个是清明节，纪念晋国的介子推。这两个节日都有两千多年的历史。清明节纪念的介子推，就和这个晋文公有关。

还记得诸葛亮给刘琦出的主意吗？"申生在内而亡，重耳在外而安。"当时刘表已经老迈昏庸，荆州的大权都掌握在蔡氏手中，蔡夫人一心想让刘琮继位，作为长子的刘琦就有生命危险了，于是向诸葛亮求救。诸葛亮本不想掺和别人的家事，无奈刘琦再三恳求，才说了上面这句话。刘琦听从诸葛亮的建议，离开荆州去守江夏，保全了性命。刘琮继位，很快曹操大军南下，刘琮投降。

诸葛亮提到的两个人，申生和重耳，都是春秋时晋国的公子。当时晋国内乱，也是因为年轻的夫人要扶自己的儿子上位，发生了夺位之争。申生留在晋国，因为是世子，无端被卷入了夺位之争，后来死了。重耳出逃，不仅活了命，后来还回晋国继承了君位，成为春秋一霸。

重耳和清明节有什么关系？这得说说他逃亡路上发生的一件事。

重耳这一逃，就是19年，辗转数个国家，奔走几万里，风餐露宿，凄惶苦楚自不必说，后面还有晋国派来的刺客追杀。话说这一年重耳逃到卫国，卫国是个小国，不敢得罪晋国，没有收留他。重耳流落郊野，饿得两眼昏花，这时手下有个人给他呈上了一碗肉汤，美味之极，重耳一口气喝光了。后来才知道，这个人叫介子推，是他割了自己大腿上的肉熬成了汤，救了重耳一命。这就是"割股啖君"的故事。

后来重耳回了国，成了历史上有名的晋文公，对跟随他一起流亡的臣子论功

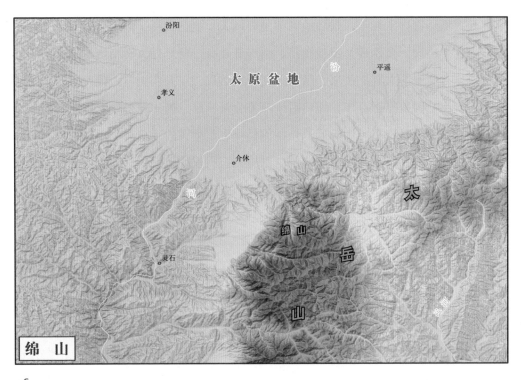

封赏，独独忘了这位介子推。重耳经人提醒才想起来，于是派人去找介子推，可谁知介子推归隐了，躲在绵山（也称介山）上不出来。于是有人出了个馊主意，放火烧山逼介子推出来，哪知道这个介子推很固执，宁可烧死也不出来，结果真的烧死了。重耳后悔不迭，下令以后每年的这天不许有烟火，当然不是怕污染环境，而是为了纪念介子推。可人总得吃饭，没有烟火怎么做饭？只好吃冷饭冷菜，"寒食节"就是这么来的。

这个故事流传甚广，但我一直怀疑它的真实性，尤其是割股啖君那一段。古文里的股指的是大腿，不是屁股。如果是屁股我还好理解一点，大腿上那么多血管，割掉一块肉，以当时的医疗条件，不可能活下命来。且不说当时他们还在逃亡的路上，就算有随军郎中，也不具备外科手术的条件。古人讲，"身体发肤，受之父母"，臣子可以为国君卖命，但绝不可以随便戕害自己的身体。在当时，舍生取义的事很多，但残害自己身体的事鲜有耳闻，除非是为了更大的目的，比如豫让。只有别有用心的人，才会把国君排在父母的前面。

根据《史记》的记载，重耳流亡到卫国时，已经快六十岁了，这个时候的重耳，要说还有多少志向和豪情那都是假的，他唯一想的是能活下来，过两天安生日子。接着，他逃到了齐国，齐桓公给他送房子送车，还把公室的一个女儿嫁给他。对于一个快六十岁的人来说，在当时，就是大半截身子已经埋进了黄土，好不容易苦尽甘来，天天有如花美眷陪着，有好吃好喝养着，还冒杀身风险回晋国干嘛呀？果然，后来狐偃他们几个怕他沉迷于温柔乡，丧失了斗志，于是把他灌醉了偷偷运出齐国，老婆不要了，房子车子都不要了，重耳醒来时气得差点杀死狐偃。

所以说，这逃亡的路上，如果没有这些忠心耿耿的大臣，重耳就不可能安然回国，也就不可能有后来的霸业。这些大臣吃了多少苦，难以数计，我们只知道，当初一群人跟出来，19年时间，死的死，逃的逃，能坚持到最后的人都是了不起的，介子推也是其中之一。

介子推后来不受封，倒是可信。从《史记》的记载来看，这人的性格有些清高，不愿与权贵们同流合污，功成之后退隐江湖也是正常的。想想后世的范蠡，不也是这么做的吗？只是介子推更绝，死也不受封，就留下了一个寒食节。

那么寒食节跟清明节又有什么关系？

清明本是二十四节气之一，只关乎农事，并不是什么节日，因为在寒食节后，就相差一天，渐渐的，二者合一，寒食节的习俗，如祭祖、上坟，变成清明节的习俗，寒食节反而被遗忘了。

　　我们再把目光放到晋国的邻居身上。

　　山西东面是太行山，与华北平原相隔。太行山绵延千里，从华北平原进入太行山只有八条狭窄的通道，俗称"太行八陉"。这里易守难攻，历来从北方来的游牧民族，在占领华北后，都不会马上去进攻山西，而是直接南下取中原。日本人是个例外，日本人占领平津后立即进攻山西，是为了抢占山西的煤炭资源。赵氏一族在春秋后期开始建设晋阳，非常有战略眼光，但独立后把首都迁到邯郸我就不理解了，邯郸地处华北平原，四面一马平川，向外拓展地盘固然方便，但想防守就难了。而且邯郸离晋阳太远，中间隔着太行山，交通不便，两地难以互相接应。

　　晋国在整个争霸的过程中，东面由北而南依次是燕国、中山国、卫国。

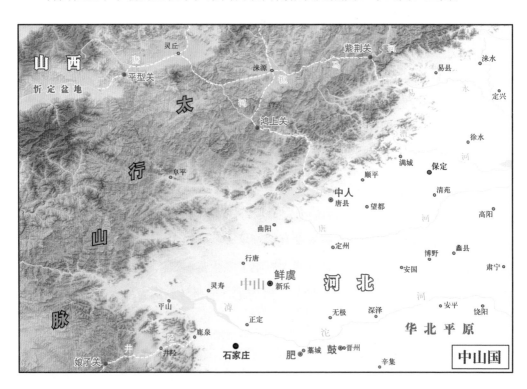

　　燕国（首都蓟城，现北京）北邻山戎，主要精力在北面，无暇南顾，本身实力也一般，晋国不打它就不错了。卫国（建都朝歌，后几次迁都）是个不着调的国

家，国君只知道吃喝玩乐，但作为殷商遗民，卫国出人才，李悝、吴起、商鞅、鬼谷子、吕不韦、荆轲都是卫国人；卫国又很弱小，所有人都没把它放在眼里，所以一直到秦二世，卫国才消亡。当时，晋国的心腹大患是中山国，中山国是白狄人建的国家，赵国后来费了很大的力气才把它吞并，但在春秋时期，有太行山挡着，它对晋国的威胁有限，反而时时要担心晋国过来打它。

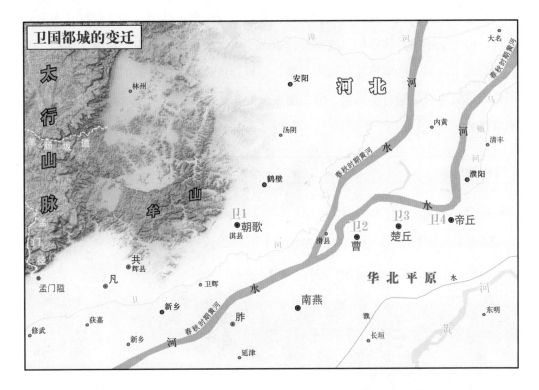

晋国的南面，在王屋山与太行山之间，有个小缺口，出去就是黄河谷地（河内，即现沁阳一带），对岸就是东都洛阳。《愚公移山》说的就是这里的事，因为有神仙的帮忙，把王屋、太行二山挪了挪，才有了这个通道，让晋国人可以直达河南，南至汉水。故事虽是虚构，道理却是没错，从山西往南，这是最方便的通道。要说挟天子以令诸侯，晋国离首都洛阳这么近，最方便做这事了。晋国如果不分家，这条通道就是晋国问鼎中原的通道之一，虽然山路不太好走。

说到这里，不得不说说长平之战。长平之战的发生地就在愚公他老人家住的地方，今晋城市北边的高平附近，现在这里有个长平之战的遗址。当时这里属上党郡，上党郡包括两部分，韩国占的这部分就在长平，赵国占的这部分在现在的长治。长治附近是平地，当时这里有赵国的一个城池屯留。为了叙述的方便，我们就称韩国的上党郡为长平，赵国的上党郡为屯留。屯留向北直通赵国的重镇晋阳，向东通向赵国的都城邯郸，屯留的位置很重要，是晋阳和邯郸之间的中转站，守长平其实是为了保屯留，更是为了保晋阳和邯郸。长平一带有山，屯留一带是平地，平地难以防守，如果长平被秦国拿走，屯留根本保不住。当时的背景是这样的，韩国比赵国弱，长平在韩国手里，赵国还比较安全，秦国进攻韩国，韩国投降，就把长平割给秦国，但守长平的将领不干，改向赵国投诚，用这种方式保长平，赵国为接不接收长平分成了两派。这里不怪赵国的贪婪，如果知道长平地理位置的重要性，就不难明白，这块地对赵国有多重要，所以赵国最终还是接收了，不费一兵一卒得了十五座城池。

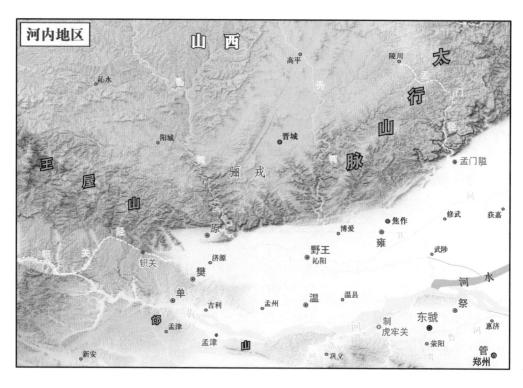

后来的结果我们知道，长平一战，赵国被坑杀四十万。至于赵国为什么会败，争论的焦点都放在赵国用纸上谈兵的赵括替换了老将廉颇。这里我们不讨论这个，我们说说另一个原因——地形。我们知道，即使是赵括替换了廉颇，也只是打了几个败仗，赵国真正崩溃是因为后来断了粮。秦军从两路进攻，一路从西边的临汾，这一路也是山道狭谷,不好走;另一路从黄河北岸的沁阳,这一路就好多了,刚才说了,王屋山和太行山之间开了个缺口。而赵国的粮道,就异常艰难了。赵国把都城迁到邯郸之后,晋阳就没怎么发展,长平之战的粮食主要从邯郸运来。邯郸到长平,只能走太行八陉之一的滏口陉(现邯郸市涉县一带,309国道穿过的地方)。太行山大部分海拔在1200米以上,这里山高谷深,道路狭窄,取粮极其困难。赵国四十万大军屯兵山谷,耗费巨大,邯郸的粮食经过这里到达长平,损耗也是不计其

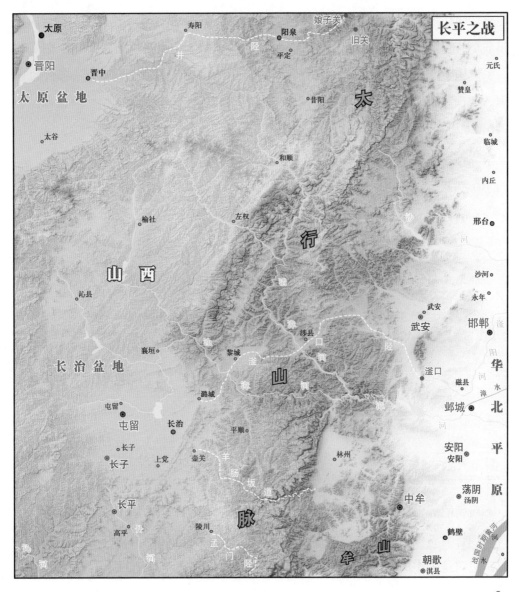

数。况且都城的粮食也不是取之不尽的，消耗完了之后还要去征粮，征粮也不是一天两天就能把粮食收上来的。所以时间一长，赵国就断粮了，士兵没饭吃，很快，不用别人打，自己就先乱起来了。当初赵国如果不是把首都迁到了邯郸，仍待在山西，大力发展晋阳，虽然发展受限，但防守有余，也就不会有长平之战的惨败。

长平位于山西的东部，而且地处高原，到战国的时候才具有地理上的价值。在春秋时期，晋国的活动范围主要在汾河谷地，还没有向东部高地拓展。早期的晋国要想南过黄河，只能翻过中条山。中条山在运城这里恰好有一个缺口通往崤函之地，崤函往东就是洛阳，往西就是关中，后来的函谷关就是建在这里。但在晋国还很弱小的时候，这里有两个更古老的国家挡住了去路，一个是虞国，一个是虢国。

虞国位于平陆县的北部，正好把着中条山的出口，晋国要南下，必须经过虞国。虞国往南，是地跨黄河两岸的虢国。虞国和虢国都是姬姓诸侯，而且都是公爵国。

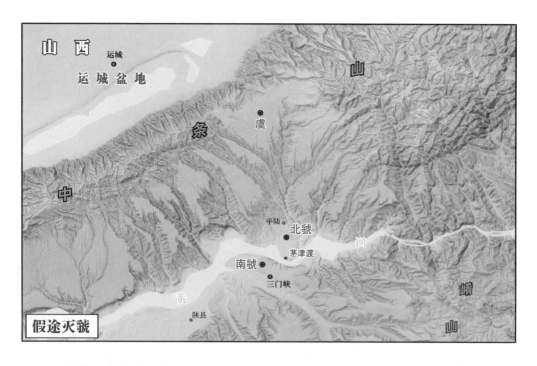

周朝的历史上有四个虢国。周武王灭商后，周文王的两个弟弟分别被封为东、西虢国国君。位于陕西宝鸡的称西虢国，位于河南荥阳汜水（虎牢关）的称东虢国。宝鸡是关中的西大门，由西虢国看管；汜水镇是洛阳的东大门，由东虢国看管。可以看出来，这两个虢国和周天子的关系。东周初年，周平王东迁，西虢就跟着迁到了三门峡这里，称为南虢国。与平王一同东迁的还有一个新封的郑国，原本在陕西郑地（华州），也往东迁到了中原，作为洛阳东部的屏障。郑国新建了一个都城，称为新郑，还灭了东虢国，占领了制（虎牢关）。被灭的东虢国跑到了三门峡的黄河北岸（平陆），建立了一个国家，称为北虢国。北虢国太弱小，依附于南虢国。所以现在只剩下一个虢国。

晋国要与中原王室交往，虞国和虢国是个绕不过去的坎儿。于是假途灭虢的故事发生了：晋国先是挑拨虞国和虢国的关系，让虞国对虢国心生不满，然后重金贿赂虞国国君，借道虞国，翻过中条山，过黄河灭掉了虢国，在回来的时候，顺道把虞国灭了。这就是假途灭虢的故事，也是唇亡齿寒的典故。晋国这一仗，打通了南下的通道，还给我们创造了两个成语。假途灭虢为晋国打开了通往中原的窗口，也为晋国后来称霸奠定了地理上的基础。

我们再说西边。晋国最主要的威胁，主要来自西边的秦国，这里只有一河之隔，河岸两边又是大片的平地，两国经常在这里上演抢滩登陆战，谁先抢到了对方的岸边，谁就把握了胜算。但黄河又不同于长江，水面很不平静，又没有大的河湾停靠船只，所以渡口很少，黄河的三大古渡都在秦晋之间。这三个渡口是：

龙门渡：龙门是黄河的咽喉，在韩城北三十千米，其北面是黄土高原，南面是平原。鲤鱼跳龙门说的就是这里，可见其难。这里也曾是大禹治水的地方，所以又称禹门。黄河流经黄土高原的时候，都是很深的峡谷，水流急，渡河很难。黄河流到这里，进入平地，流速放缓，可以停泊船只，且河面还不至太宽，所以从这里渡河，相对快些。

龙门渡是秦晋之间最早最大的渡口。韩原之战，那还是在崤之战之前，秦穆公一度取得晋国河东之地，就是从龙门渡东渡黄河进入山西。后来秦穆公送重耳回国，走的也是龙门渡。两国频繁交战，走的主要就是龙门渡。隋朝的时候，李渊从山西取关中，走的是龙门渡；明末李自成，从关中出发，也是过龙门渡，入山西，直逼北京。

风陵渡：在潼关附近，黄河流到这里，被华山挡住，折向东流。风陵渡就很有名了，"风陵渡口初相遇，一见杨过误终身。只恨我生君已老，断肠崖前忆故人。"这首诗道尽了郭襄的心声。

风陵渡的上游，其实还有一个蒲坂津（也叫蒲津渡；津者，渡口也），离风陵渡大概三十千米。有一件事可以说明两者的重要性和关系，那就是曹操西取关中的故事。

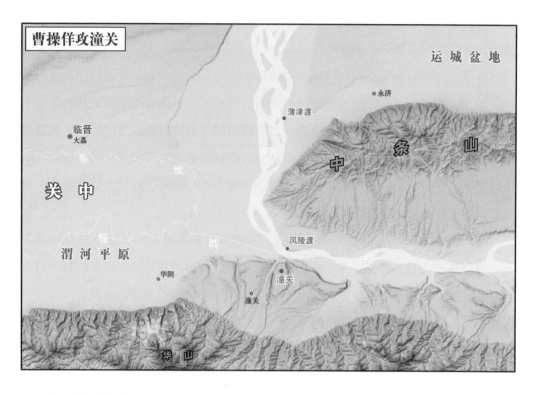

当时守关中的是马超和韩遂。三国英雄数马超，马超善战，曹操知道，所以智取。当时潼关已经修起来了，曹操领军从中原来，向西过函谷，佯攻潼关。马超集合关中各路兵马来守潼关。与此同时，曹操派徐晃领四千步骑从上游的蒲坂津过河，占据黄河西岸。等徐晃的四千人全部过河后，曹操就撤离潼关，从风陵渡过黄河，一路北上。马超一面领兵追赶，一面派兵北上堵住蒲坂津的西岸，他已经看出曹操的意图是要从蒲坂津西过黄河。但为时已晚，徐晃已经在黄河西岸安营扎寨，以逸待劳，轻松击退了马超派来的军队。在徐晃的掩护下，曹操的部队全部安全渡过黄河，最终南渡渭水，占有了关中。

茅津渡：在平陆县城南四千米处，不远处就是函谷关。

这里发生过两件事。第一件，晋国为了夺取崤函重地，借道虞国，灭掉了虢国，就是从茅津渡过河的。第二件事，崤之战，晋国伏击秦军，也是从这里过河。也是因为晋国有了崤函之地，才有可能取得这场战争的胜利。崤函之地既是晋国南下的通道，也是秦国东进的唯一通道，所以后来秦国强大之后，就占领了这里，修建了函谷关。当然，函谷关如果把晋国南下的路堵死了，晋国也是不干的。函谷关的具体位置，在今天的河南省三门峡市灵宝市王垛村，也就是当年虢国的西面，这里既没有堵住晋国南下的道路，也可以防止崤之战的悲剧重演。因为关城既可以作为部队中途修整的场所，还可以派出军队接应远途奔袭的部队。

但秦晋之间的对战，重点还不在这里，双方的对抗焦点主要集中在两国交界的黄河两岸。战国时，魏国第一个称霸，重用吴起，吴起占据河西之地，令秦国寝食难安。后来魏王听信谗言，弃用了吴起，秦国又夺回了河西。秦灭六国，最先灭掉的就是韩、魏、赵这三个从晋国分出来的国家，因为不占据山西，秦国就没有安全可言。

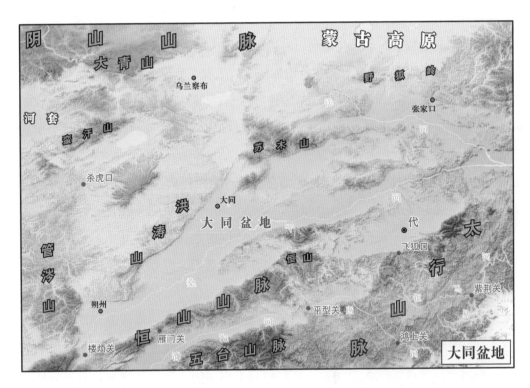

大同盆地

山西的北部，主要的重镇就是大同。大同原是游牧民族聚集的地区，后来被赵国逐渐占领。阴山山脉的东端，地貌破碎，不能形成有效的屏障，每逢乱世，这里就是中原王朝和游牧民族拉锯战的前沿阵地。"但使龙城飞将在,不教胡马度阴山",龙城指的太原,大同一旦失守,太原就直接暴露在游牧民族的铁蹄下了。

大同盆地的北部山脉很破碎,有很多小缺口可以进来,在早期,这里经常是游牧民族的天堂,但大同盆地的南边,有一条恒山山脉,东连太行山,西接吕梁山,把山西中南部和北部完全隔断,中间只有一个出口,就是雁门关。所以雁门关成为历来兵家必争之地。

所谓的关口,通常就是具有一夫当关、万夫莫开的地理优势,而山西有名的关口就特别多。这些关口,虽然各个朝代名字可能不一样,但位置没有变,战略意义也不会变。比如:

娘子关:从石家庄到太原,穿过太行山的必经之地,也是战国时中山国到赵国的必经之地。

平型关:如果说雁门关是太原北大门的话,平型关就是太原的东大门,位于恒山与太行山的交汇处,从平型关往东,穿过太行山,就是华北平原的易水,当年晋国和燕国的交通要道,也几乎是唯一的通道;平型关位于太行山的西麓,这一段太行山很宽,在山的另一边也就是太行山的东麓,还有一个关口就是紫荆关。

宁武关:原称楼烦关,因为在赵国打来之前,这里曾是楼烦部落的领地,明朝称宁武关。位于恒山与吕梁山的交汇处,同样的,它是太原的西大门,过了宁武关,就是大同盆地。

所以在大多数时候,大同地区经常是被北方游牧民族占据;中原王朝要反击,也主要是从这里出发。

大同古称云中,很诗意的名字。五胡十六国时期,这里是鲜卑人的地盘,北魏在这里建都,叫平城,后来推行汉化,才迁到洛阳。鲜卑人,应该说主要是拓跋氏,心胸宽广,不光接受汉文化,也接受佛教文化,云冈的石窟和洛阳附近的龙门石窟,都是从北魏时期开始建造的,到唐代达到极致。应该说,正是鲜卑人的心胸,开创了一个包容时代,才有了后来大唐帝国兼收并蓄的精神。五代十国时,燕云十六州被契丹人割走,宋辽两国为了燕云十六州争斗百年。燕指的是北京,云指的是云州,也就是大同。大同和北京,历来就是抵御北方游牧民族的重镇,互呈犄角,一方有失,另一方就有腹背受敌的危险。大同盛产煤,现在变成了煤都，我们现在很难把大同和"云中"这么诗意的名字联系起来，那里曾经是阴山脚下，跃马边关，驰骋疆场的边塞，寄托着很多热血男儿建功报国的梦想。

山西最自豪的事，就是成为大唐帝国的龙兴之地。李渊守太原时，承袭了祖上唐国公的爵位。但这不是最主要的，最主要的是这里是唐国的故土，是唐尧的地盘，李渊和唐，有着故国的渊源。为什么这么说呢？皋陶是和尧、舜、禹齐名的"上古四圣"之一，皋陶曾做过尧的"大理"，掌管刑狱（唐宋的大理寺，掌管刑狱，也是从这里来的，相当于今天的最高法院），他的后代就以"理"为氏，再往后，"理"改为"李"。所以说，李姓的始祖曾和唐国的首领共事，共同开创了尧天舜世，李姓和唐国有着割舍不断的关系。李渊封到太原做唐国公时，感觉就像回到了故国祖地，一心想着要仿效唐尧，做千古名君。李渊建立唐朝后，封太原为"北都""北京"。李渊死后，他的尊号就是神尧皇帝。由此可见，他想仿效唐尧的说法不是空穴来风，他以唐为国号也不仅仅是因为身上有唐国公的爵位，更主要的原因还是想仿效唐尧。

山西这种四塞之地，因为有太行山的阻挡，交通不便，每逢战乱年代，这里就成为人们躲避战争的天堂。元朝末年，红巾军起义，中原连年战乱，人们流离失所。朱元璋北伐，一路北上，中原汉人纷纷解囊相助。蒙古人反攻时就实施疯狂的报复，大肆屠杀平民，中原地区经常赤地千里。蒙古人治理国家的水平又很差，元末时又是各种水灾蝗灾不断，人们流离失所。天灾加上人祸，到朱元璋登基的时候，河北、河南、山东、两淮这些常年作为战场的地方人口骤减，农业生产几乎停滞。明朝初年，刚刚建立的大明王朝也不稳定，朱棣在北京造反，建文帝派兵北伐，中原地区的人民又遭了殃。在老百姓的心中，从南京打来的官军自然代表正义，朱棣是个造反的，所以自然就站在了官军的一边。朱棣南下时，就对支持官军的人进行报复，又是大肆屠杀平民。经过元末的农民起义战争加上"靖难之役"，从河北、河南到山东、两淮，中原地区几乎成了荒地。而这个时候的山西，由于太行山的阻隔，人民安居乐业，人口大量增加。当时全国的人口有五千多万，山西就占了四百多万，差不多十分之一。于是明朝先后十几次从山西往河北、河南、山东和两淮移民。移民从明洪武二年持续到永乐十五年，前后差不多五十年，涉及一千二百三十个姓氏。所以现在的河北、河南、山东，很多人的祖籍就在山西。当时移民的中转站就设在山西洪洞县的大槐树下，很多人的家谱就是从大槐树记起。经过了六百多年的开支散叶，从大槐树下走出来的移民后代已经遍布世界各地，人数已经上亿了，大槐树成了他们心中的圣地。

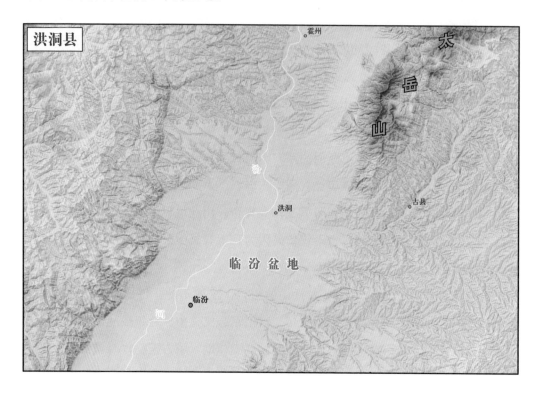

山西本是个好地方，山水相依，自成一体，历来是兵家必争之地。但它处于黄土高原的东端，黄土高原的特点是生态脆弱，承载力有限，养活不了那么多人。到了清朝的时候，中国的人口爆发式增长，山西人开始外出讨生活，这就是我们常说的走西口。西口指的是右玉县境内的长城关口——杀虎口，与之相对应的当然还有一个东口——张家口。走西口就是山西人从这里走出去，到河套一带谋生，所以内蒙古的很多汉人祖籍在山西，就是从这个时候开始的。走西口是为生活所迫，但带来了另一个群体——晋商，晋商的活动范围遍及全国，晋商的票号也开到了全国各地。八国联军向清政府索要赔款，慈禧就向晋商中的乔家借钱还债，真正的富可敌国。现在山西，遍布着这个大院那个大院，都是曾经的晋商留下的足迹。晋商后来因为战乱，又在现代化银行的冲击下，衰落了；更重要的是东南沿海开发出来，中国的经济重心东移了，于是晋商渐渐消失了。

山西是个四塞之地。战乱时期，太行山是山西的屏障；但在和平时期，太行山又成了发展经济的阻碍。

但从战略上来讲，山西始终是华北的护身符。历朝历代，山西北部既是中原王朝反击游牧民族的前沿阵地，也是游牧民族南下的必经之地。一旦山西失守，华北也保不住。特别是从元朝以后，北京成为全国的政治中心，山西的地位更显得重要。明朝末年，李自成从关中出发，进入山西，正是因为山西的防守薄弱，李自成轻而易举就拿下了山西，北京也就成了囊中之物。一直到今天，山西仍是北京的西北屏障。保北京，除了保东面的山海关之外，另一个重中之重就是保山西。

第五章　燕赵多慷慨悲歌之士

这一章我们讲河北。

这里所说的河北不是河北省，而是黄河以北（主要以今天的黄河为参照物）。

这里正好解释一下，为什么我没有按照省份来讲各地的历史，而是按照历史上重要的地理单元来讲。这是因为从元朝设行省开始，统治者为了防止地方拥兵自重搞独立，有意将不同的地理单元打散，重新组合。蒙古人天生就会打仗，深知地形对战争的重要性，后来的王朝更是强化了这一点。比如皖南、皖北，比如苏南、苏北，地理位置不同，文化习俗也不同，被强行捏到了一起，唯一的例外可能是山西，自成一体。最典型的例子如汉中，历来都是作为巴蜀的附属单元，但统治者有意把它划到陕西，那意思就是，假如你四川想搞独立，你必须把汉中也拉下水才成，但汉中又属于陕西，它不会听你的，反而会监视你。从纯地理的角度讲，汉中在秦岭以南，属于南方，而陕西最北边已经到了河套地区的沙漠地带了，这么一大片地方想搞独立是绝不可能的。类似的例子很多，所以按行政区划来讲历史没有意义。况且，行政区的划分是人为的，每朝每代都在变化，地形地貌却基本没变。这些大的地理单元，几乎在每一次改朝换代中都发挥着同样的作用。了解了这些地理单元的特点，你就会发现，历史上一些大事件的走向，脱离不了这些地理因素，各个割据势力的争斗，其实都有相同的规律。历史往往都有惊人的相似，说的就是这个意思。

好了，言归正传。

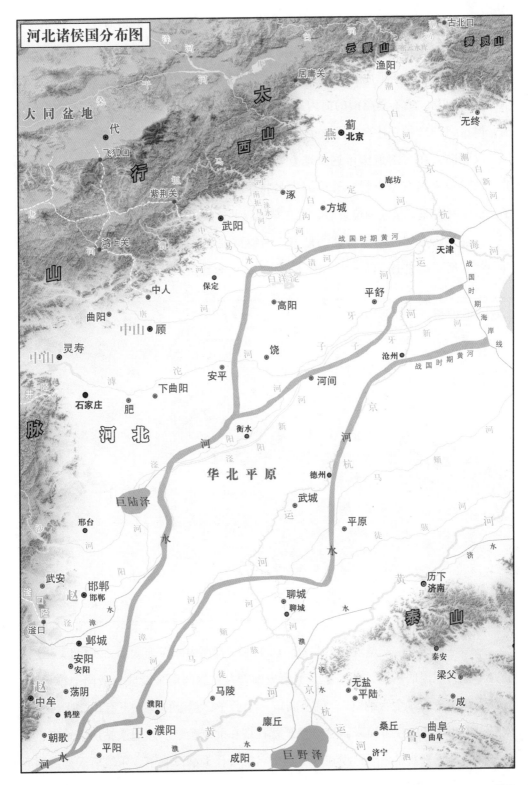

河北诸侯国分布图

古北口
云蒙山
雾灵山
居庸关
渔阳
大同盆地
代
无终
飞狐口
行
燕
蓟
北京
紫荆关
廊坊
涿
太
西
方城
山
武阳
战国时期黄河
山
天津
保定
白洋淀
鸿上关
中人
高阳
平舒
中山
曲阳
饶
战
顾
沧州
国
中山
灵寿
安平
河间
时
战国时期黄河
期
河北
下曲阳
海
石家庄
肥
衡水
岸
华北平原
线
巨陆泽
德州
武城
邢台
平原
水
历下
武安
济南
邯郸
聊城
邯郸
赵
聊城
泰
邺城
泰安
山
安阳
梁父
赵
安阳
无盐
成
中牟
荡阴
马陵
平陆
鹤壁
濮阳
桑丘
曲阜
朝歌
卫
廪丘
鲁
曲阜
平阳
濮阳
成阳
巨野泽
济宁
水

太行山以东、燕山以南这片地方，因为在黄河以北，所以称为河北。

河北有时也称河内，这个比较好理解，我们的帝王讲究面南背北，用他们的眼光看，河北在黄河里面，当然就是河内了。在中国古书上，如果看到河内，一般指的就是河北，绝不是越南的河内。越南的河内，虽然历史上很长一段时间属于中国，但直到1831年它才有河内这个名字，那时它已经脱离了中国。

汉朝时，在河南焦作市这个地方曾设过河内郡，在黄河北岸，对岸就是虎牢关。三国演义里有个方悦，号称河内名将，虎牢关之战时，一出场就被吕布给斩了。这个河内郡，从地理位置看，也在黄河以北，所以得名。

河北是古燕国、赵国所在的地方，所以河北也称燕赵之地。黄河在古书中称"河水"，所以历史书中的河南、河北、河西、河东都是以黄河为参照物来命名的。

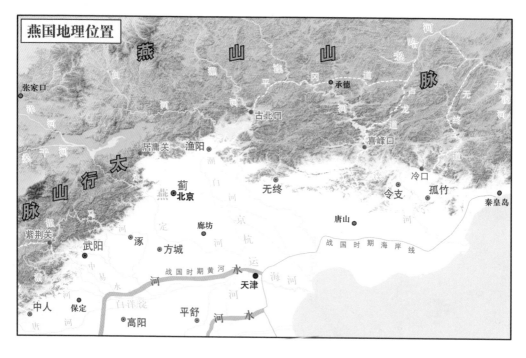

燕国这个地方，就是现在的北京，历史上一直离中原腹地太远。不仅远，还很弱，一直到战国的后期，燕国才登上历史的舞台。燕国后来能成为战国七雄之一，得益于燕昭王的"金台纳贤"，就是高筑一个台子，重金招揽天下有识之士，其中就有一个叫乐毅的投奔而来。这个台子就在现在北京金台夕照地铁站那个地方，金台夕照曾是燕京八景之一，现在除了这个名字外什么都没剩下。乐毅后来率燕国等五国联军一口气连下齐国七十多城，差点灭了齐国。战国后期，除了楚国之外，七雄之中有一东一西两个国家最强，就是齐国和秦国，乐毅打败齐国，一战成名，燕国也一举成为强国。

此后很多年，燕国也一直没有什么作为，一直到战国末期，因为荆轲刺秦王的事，又让燕国火了一把。不过燕太子丹的这一举动只是引火上身，加速了燕国的灭亡。

相反的，赵国从战国一开始就很活跃。赵国一开始的重心在山西北部，后来把都城迁到邯郸后，重心就放在河北了。赵国灭掉中山国之后，一举成为河北地区最大的国家。整个河北的形式是，燕国占领北部，赵国在中间，魏国占领南部一小部分，这中间还夹着一个卫国。卫国原有的土地已经被魏国占领，卫国公室跑到了野王（沁阳），只是保留了一个卫国的名分。

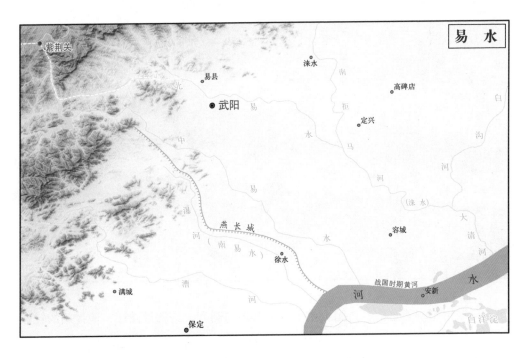

燕国和赵国的界线就是易水。易水发源于涞源，位于河北省的易县境内。荆轲刺秦王时，赵国已经被秦国占了。从易水到燕国的首都蓟城（北京）中间，就是督亢，荆轲刺秦王时带的就是这个地方的地图，太子丹送到这里，算是送到头了。督亢地区产粮，是燕国最好的一块地方，所以秦国垂涎。督亢就是后来的涿县，刘备和张飞就出生在这里。涿县后来改名叫涿州，依然是河北最好的产粮区。赵国和魏国的界线就是漳河，漳河发源于长治，东出太行山后过邺城，魏文侯任命西门豹到邺城（今河南安阳以北）任县令（当时叫县公），当时漳河水经常泛滥，地方豪强拿少女祭河伯，西门豹到任后，惩治了地方豪强，治理了漳河，发展农业，使邺城发展壮大。后来曹操就是在邺城修建了铜雀台，曹植在《铜雀台赋》里就说："临漳水之长流兮，望园果之滋荣。"可见当时漳河的水很大。邺城也是建安文学的大本营，南北朝时有六个朝代在这里建都，现在只剩下一个遗址。现今的漳河也是河北省与河南省的界河，相比古漳河（漳水），在东出太行山以后往南偏移了不少。

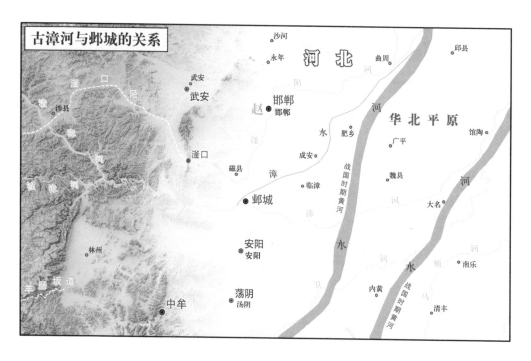

在荆轲刺秦王之前，晋国也出了一个有名的刺客，这就是豫让，他行刺的目标是赵国的开创者赵襄子。晋国一直是六卿掌权，这六个大家族都有可能独立为国，一开始赵、魏、韩还不是最强的，经过一番争斗后，只剩四家，智伯最强，经常欺负赵、魏、韩三家，后来三家在赵襄子的鼓动下，联合起来灭了智伯。赵襄子对智伯恨之入骨，就拿智伯的头盖骨当酒杯用。豫让是智伯的家臣，智伯对他有知遇之恩。智伯死后，豫让一心想杀赵襄子替智伯报仇，于是改名换姓混进赵家，结果被发现了，赵襄子念他是义士，放了他。第二次，豫让又是毁容，又是吞炭把嗓子烧哑了，连他老婆都认不出来了，然后又去行刺赵襄子。这次是在一座桥上，没想到赵襄子还是发现了他，又被抓了。豫让求赵襄子脱件衣服给他，让他刺了几剑，算是替智伯报了仇，然后自杀了。豫让死前说了句流传千古的话："士为知己者死，女为悦己者容。"

豫让行刺的这座桥后人管它叫豫让桥，在现在河北省的邢台县。豫让的事迹传遍赵国，燕赵大地的侠士们为之唏嘘不已，这就是燕赵多慷慨悲歌之士的开端。河北这块地方，总的来说地薄人众，人们好侠任武，悲歌慷慨。荆轲去刺杀秦王时，高渐离一曲"风萧萧兮易水寒，壮士一去兮不复还"，闻者无不动容。

赵国最伟大的人物要算赵武灵王了。赵武灵王之前，赵国还算不上强大。赵武灵王最大的改革就是胡服骑射，一项简单的改革，让赵国国力大增。此后赵国北击匈奴，占领了阴山南北地区，向东灭掉了中山国，使赵国的领土东西连成一片，在全国排第三，仅次于楚国和秦国。胡服骑射不仅改变了赵国的国运，也改变了战国时各国的作战方式。春秋时，各国主力部队是战车，一辆战车就是一乘，由四匹马拉着，后面再配大约七十二名步兵，就是一个战斗单元。战车冲击力强，步兵只能当配角，所谓千乘之国、万乘之国就代表了一个国家的实力。但战车有两个问题，一是造价高，二是机动性差，只适合平地，路不平或太窄就跑不了战车，而且驾驭战车是一项高难度的技术，各国贵族从小就要练习，称之为"御"。赵武灵王在跟匈奴的作战中，发现匈奴人的骑兵比战车好使，机动性强，来去如风，特别是在山地；而且造价便宜，训练起来也比驾车容易。胡服骑射的效果立竿见影，各国纷纷效仿，不再发展战车，而改用骑兵。但骑兵真正成为各个战场的主力还要再等几百年，项羽就是擅用骑兵的猛将。战国时车骑混用是主流，除了赵国，其他诸侯的骑兵规模都不大，反而是更便宜的步兵得到了大力发展，孙膑灭庞涓主要用的就是步兵。一个原因是中原地区不产马，另一个原因是马镫还没有发明出来，要训练一名士兵在马上冲杀而不掉下来不容易。这时候骑兵的主要作用是突袭，向敌人射箭，所以叫骑射，射完就跑，还不能骑着马和敌人近身格斗，没有马镫很容易掉下来。

胡服骑射还改变了中国人的穿衣习俗。传统的华夏服装是没有裤子的，大袍子下面是空的，只有腿上绑了两个绑腿，叫胫衣，穿这种衣服骑马磨屁股磨腿，很不舒服。所以武将都是站在战车上打仗，平时席地而坐也不会走光。胡服让华夏人有了裤子，一是可以骑上马打仗，二是到五胡十六国的时候，高腿的桌椅进来之后，中国人也就不再席地而坐，改坐椅子了。

战国后期，在齐国、楚国相继衰落之后，赵国成了抵抗强秦的中流砥柱，出现了蔺相如、廉颇等一批人物。长平之战后，赵国元气大伤，紧接着又是邯郸之战，赵国几乎垮掉。谁知赵国又出了个李牧，还杀了十万秦军，赵国又挺了好几年。如果要认祖归宗的话，其实秦赵两国是一家，都是源自商朝一位嬴姓猛将飞廉。飞廉有两个儿子，大儿子叫恶来，小儿子叫季胜。季胜这一支，因为给周穆王驾车有功，被封在赵地，就以赵为氏。大儿子恶来这一支后来因为给周天子养马有功，被封在秦地，以秦为氏。这两家本是同根生，相爱相杀几百年不断，所以也有人推测说，赵高就是赵国公族之后，后来秦国亡在他手里，也算是替赵家报了仇。

从整个战国后期来看，与强秦抗衡，最悲壮的就是燕赵两国。齐国虽是大国，却一直没有作为，只贪图小便宜，忙着吞并附近的小国，对抗秦没有积极性。楚国自从丢掉了郢都，迁到寿春后，春申君把持国政，也没有什么作为，大多时候都在自己的封地申（上海）享乐。反倒是赵国表现得最猛烈，不停地在和秦国争斗。燕国虽弱小，却也发出最后绝命的一击。

秦统一中国后，燕国的都城蓟城改为蓟县，属广阳郡；汉朝，蓟县属幽州。

东汉末年，一个卖草鞋的平民，在乱世中崛起，这就是刘备。刘备是涿县人，张飞也是涿县人，关羽是解良（今山西运城）人，因杀了人逃到涿县避官司，三人就凑到了一起，情同手足。涿县属于涿郡，而涿郡又属于幽州，幽州的治所在蓟县（北京），涿县离蓟县很近，不到一百千米，而当时据有幽州的是公孙瓒，所以刘备哥仨后来就投奔了公孙瓒，不为别的，就是因为近。在公孙瓒那里，认识了赵云。赵云是常山郡真定县人（今石家庄正定县）。三国里面，只有这个团队是草根出身，曹操和孙权都有家底，孙权更是个富二代。这个出自燕赵之地的草根团队起步很糟糕，没有资本，没有根据地，一路流亡，但最终竟三分天下，可以说是最了不起的一个团队。袁绍四世三公都把家底折腾没了，刘备白手起家却开创了一番事业，这就是差距。

曹操占领河北后，还北征过乌桓（乌桓也叫乌丸，都是音译，意思一样）。这更让人感觉到做人的差距，曹操一边和中原诸侯抢夺地盘，一边还顺手把北方的游牧民族给平定了，而后来的西晋，窃取了曹家的天下，却让游牧民族进来把中原搞得一团糟，差点让整个汉族消失了。

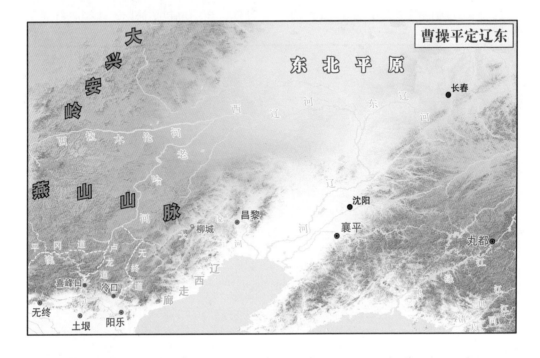

五胡十六国时期，鲜卑人的慕容氏先后在这里建立了前燕、后燕、南燕、北燕四个政权。北燕是被鲜卑化的汉人建的，南燕在河南和山东一带。而前燕和后燕就在河北，一个定都蓟县，一个定都中山（河北定州）。金庸的小说《天龙八部》里，慕容复一心想着要恢复燕国，原型就来自这里。但北宋离当年的慕容氏燕国太久远，中间还隔着魏晋南北朝、隋唐以及五代十国，慕容氏早就不复当年了，不可能还想着恢复曾经的那个燕国。

河北这个地方，在宋代以前，一直被冷落。那时候的游牧民族主要从北方来，首当其冲的是山西和陕西。从五代十国开始，东北的游牧民族崛起，北京这个地方就成了重中之重。

北京的东方，从山海关到锦州，是一条狭窄的通道，称为辽西走廊。走廊北面是燕山，南面是大海，易守难攻。在秦汉时期，辽西走廊还很不稳定，加上那时的海平面比现在高，辽西走廊的通行条件并不好，曹操一开始本想走辽西走廊追击乌桓，正好赶上雨季，道路不通，只好翻越燕山。那时从华北到东北的主要通道就是过了山海关以后北上，从大凌河的源头顺河谷而下，到达辽河平原；或者先走无终道，也可以顺大凌河而下。一直到五代十国时期，辽国割走了燕云十六州，辽西成了腹地，辽国俘虏了大量的汉人到这里开荒种地，当然也包括修路，才彻底打通了

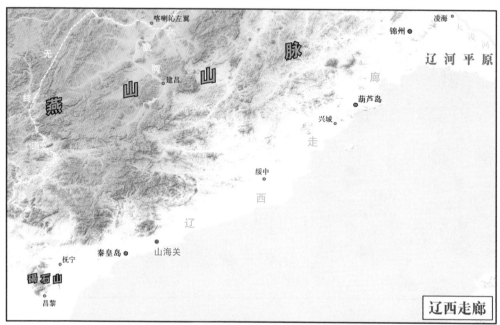

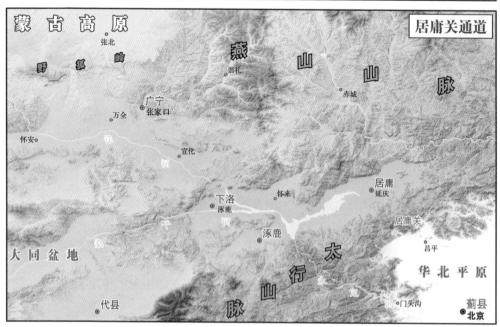

辽西走廊。

北京的北边，从居庸关开始，到张家口，也是一条狭窄的通道穿过燕山和太行山之间的缝隙。而整个北边，有燕山阻隔，燕山以北是蒙古高原。所以北京是整个华北平原的北大门，不管是从东北还是蒙古高原过来的游牧民族，主要就是从这两个地方进入，只要守住这两个地方，中原就安全，而守这两个地方的大后方，就在北京。

刚才提到过，五代十国时期，辽国割走了燕云十六州，相当于整个中国的北大门把控在契丹人手里。燕云十六州就包含了北京和大同，契丹人可以随时进入河北和山西北部劫掠，北宋朝廷为此头痛不已。特别是河北，与中原之间没有任何屏障，游牧民族又都是骑兵，想来就来，想走就走。

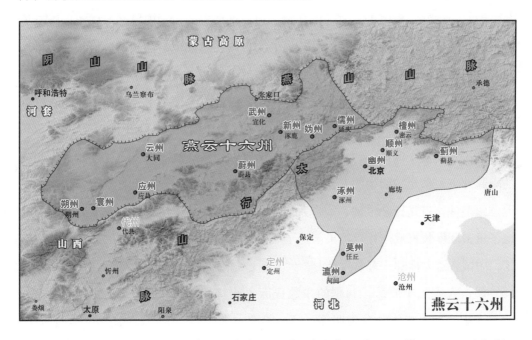

北宋和辽国背后的金人结盟。完颜阿骨打对北宋还真是不错，灭了辽国后把燕云十六州还给了北宋。但是好景不长，阿骨打死后，金人立马南下，于是就有了"靖康之耻"，北宋灭亡，南宋偏安一隅。一直到蒙古人入主中原，北京突然就不算边疆了，而是处于整个元朝的腹地。元朝人把北京（当时叫大都）设为首都，有两方面的考虑，一是这里处于元帝国的中心，二是这里正好是北方草原和南方农耕平原的分界点，一旦中原有变故，蒙古人可以从这里迅速退回草原，不至于被人截断了后路，事实上他们后来也是这么做的。

蒙古人定都北京，改变了整个中国的经济格局。中国的政治中心原来在中原腹地洛阳、开封一带，蒙古人定都北京后，弃用了隋朝时修建的大运河，截弯取直，直接从江南修到了北京。这一举动使洛阳、开封从此失去了中心的地位，中国的政治、文化就集中在北京和南京这两京之间，整个中国的重心东移，也造就了天津这座城市。天津作为京杭大运河到北京的前站，成了一个物资转运中心，明朝时朱棣从这里上船走运河南下争夺皇位，后来当了皇帝，就把这里命名为天津。天津，顾名思义，就是天子的渡口。

蒙古人还取消了科举。在隋朝开创科举之前，官员都是贵族出身，但贵族和贵族还不一样。在先秦，实行的是分封制，贵族治理的地盘是自己的，没有理由不想办法把它治理好。秦以后，实行郡县制，地盘是皇家的，治理得好不好和贵族没关系，贵族只要利益就行，这时与其称他们为贵族，不如说是门阀，世代相袭，拼命攫取皇家和百姓的利益，这样整个官僚体制就出问题了，社会阶层固化，国家缺少活力，最明显的就是两晋。隋朝发明了科举，给读书人一个上升的通道，同时也打击了世袭门阀，形成一套自我更新的官僚体系，整个国家也泛发出活力。

蒙古人把这个取消了，士子们失去了上升通道，心底有怨气无处发泄，为明朝的崛起埋下了伏笔。明朝的开创者朱元璋没什么文化，但一大批有学问的知识分子愿意跟随他，就是这个道理。蒙古人取消科举后，读书人没官做，只能到底层的戏班子里去和歌伎打成一片，结果创造了戏曲。要知道，希腊悲剧早在2500年前就有了，中国在这方面却一直是片空白，到元朝才总算把这一缺憾补齐了。

蒙古人入主中原后，和别的少数民族不一样，不但不汉化，还搞种族歧视。蒙古人把全国人按人种分为四等，第一等蒙古人，第二等色目人，第三等北方汉人，第四等南方汉人。又按职业把人分为十等，一官，二吏，三僧，四道，五医，六工，七匠，八娼，九儒，十丐。读书人是第九等，比妓女还低一等，这就是"臭老九"这一词的来历。当官的只能是蒙古人，色目人能做个吏，北方汉人实际包含了以前的金人，真正的汉人地位最底，只能任人宰割了。在这种严酷的制度下，社会阶层极度固化，迟早要出问题。果然，才九十多年，蒙古人就退回大漠放羊去了。

蒙古人带来的好处，主要是世界性的。蒙古人统治的元朝和其他几个汗国，横跨欧亚大陆，很容易就促进了世界的交流。另外还有一个重要的事，就是《马可波罗游记》，正是蒙古人的影响力，才有了这本书，这本书促进了西方的大航海时代，最终导致了人类海洋文明的到来。欧洲正是从大航海时代开始，日益发达，最终携海洋文明的成果，带着坚船利炮，打开了中国的大门。所以，我们可以认为，正是从蒙古人开始，中国的历史不再是单独的历史，而是世界历史的一部分。

明朝一开始定都南京，实际上是一个仓促的选择，朱元璋还派儿子到关中考查过，想迁都，但没几年他就死了。定都南京有个问题，蒙古人虽然退回了草原，但依然强大，作为北大门的北京是最好的防守地，北京离南京太远，如果边关有事，就是八百里加急，也会错失战机。如果派重兵镇守北京，又容易尾大不掉，形成割据势力，另立中央。最终的结果就是这样，驻守北京的燕王朱棣兵强马壮，把侄子建文帝干掉了，自己坐上了皇帝的宝座。这样，天子守国门，北方边关才算稳定了。

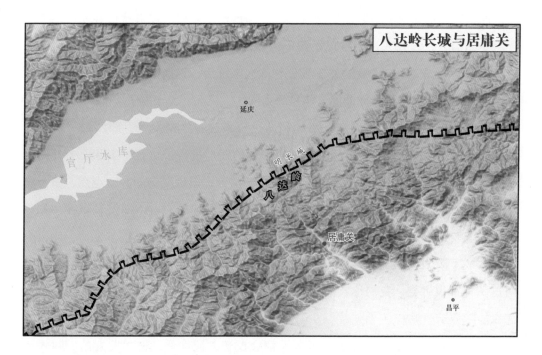

明朝后期的实力已经很弱，边关防守都退回到了长城一线，远不如汉唐。但防守也容易，重兵都在北京，只要防住了山海关和居庸关就可以。这两个关口从地形上看也好防守，关外都是长长的狭谷，敌人用兵、运粮都不方便，适合快进，只要守住关口，敌人攻关不下，只能退出，不能久留。而从关口到北京都是平原，调兵运粮都方便。明朝的问题主要是经济问题，这时候西方已经进入大航海时代，欧洲人在南美洲发现了大量的白银，白银流入中国，导致中国经济通货膨胀，中央财政出现赤字。打仗是非常费钱的，白银不像钞票，可以开动印刷机。崇祯帝死时，国库基本是空的，所以李自成要在北京城里打土豪充军费，结果就打到吴三桂的老爹头上了。

满族人进入北京后，采取了和蒙古人不同的政策。满族人比蒙古人更了解汉人，他们以前叫女真人，后来改叫满人，有一个原因就是怕汉人记仇。满人入关后，一开始打出的旗号就是替崇祯帝报仇。满人的政策总体来讲可以总结为：内心汉化，外表满化。就是心里全面接受汉文化，但在面子上，所有汉人都要剃发易服，清朝征服中原的主要矛盾就在这里。其实从周公制礼仪开始，中国人的华夷之辨从来都是用文化来区分，而不是种族。周朝时四周的蛮夷，有些并不是少数民族，而是先朝比如夏、商时期的诸侯国，只是他们不服周，以夷狄自处而已，姜子牙就是东夷人，匈奴人还说自己是黄帝的后裔呢！华夏是个文化概念而不是血统。所以这就造成一个固有的观念，不管你什么人来统治，只要接受我们的文化，实行儒家治国那一套就行，管你是汉人还是满人呢！

满人一开始打北方很顺利，不顺利的是后来颁布了剃发令，即所谓"留头不留发，留发不留头"。现在影视剧里都对清朝的发型进行了美化，实际上一开始清朝的发型并不是这样，剃发后只留脑后很小一部分，不是只剃前额一点点，整个脑袋顶都是光的，即所谓的"铜钱鼠尾"，确实很丑。你想想看，即使是现在，如果让你马上剃成这样的头你也受不了。一直到晚清，清朝的发型才逐步妥协，剃得少了，变成了阴阳头，辫子也粗了。服饰和发型也是文化的一部分，尤其是汉文化，对这两样都很讲究，我们称衣冠，代表的是一种身份，我们讲身体发肤受之父母，怎么能随便剃掉呢？

说到江南一带的抗清斗争，很多人都会误解，说你看，每次北方的游牧民族一过来，北方人都不抵抗，看似柔弱的南方人反而抗争得最激烈。这其实是个误解，你只要看看北方的地形就知道了，从北京开始，河北到河南都是一马平川，没有任何山川险阻可以固守，面对游牧民族的铁蹄，北方人再怎么抵抗也支撑不了多长时间，倒是江南，水网密布，每下一城都很困难，这是地形的因素，不是人的因素。每一次游牧民族入侵，北方人总是首当其冲，第一个站起来反抗的也是他们。燕赵多慷慨之士，因为慷慨，多有悲歌，河北大地一次次地被蹂躏，又一次次地站起来，正是他们血性的证明。沧州成为武术之乡，是有历史原因的。后人到了易水，还是会感叹：

> 此地别燕丹，
> 壮士发冲冠。
> 昔时人已没，
> 今日水犹寒。

——【唐】骆宾王《于易水送别》

第六章　中原逐鹿，谁主沉浮

　　河南这个地方，随便一锄头挖下去，可能会碰到好几个朝代的文物，有上古时期的陶器，先秦的青铜酒杯，秦汉的古剑，唐宋的刀，还有元明清的青花瓷。在很长一段时间内，中国一词指的就是中原。

　　上古时期，中原一带生活着大大小小上万个部落，其中有三位带头大哥。有一个部落发明了车子，我们称他为轩辕氏，首领是黄帝；有一个部落庄稼种得好，还发明了中草药，我们称他为神农氏，首领是炎帝；还有一个九黎部落，属于东夷的一支，有九个氏族，首领是蚩尤。九黎不是少数民族，伏羲、女娲都出自九黎。

　　这三个人的位置，刚好是一条线，黄帝在西，定都轩辕之丘（今新郑西北）；炎帝在中间，定都陈丘（河南淮阳）；蚩尤靠东，位于山东大野泽（今巨野县北）一带。从地形上看，蚩尤的位置最好，背靠泰山，西向中原；黄帝的位置也不错，西靠嵩山，北倚黄河；炎帝处于河南的中心地带，是当时天下的共主，看似位置最好，实际处于两大巨头的中间，容易腹背受敌。

　　黄帝瞅准时机，先发制人。他麾军东进，打败东边的炎帝，两大部落最终合并在一起，这就是华夏族的雏形，我们也因此称为炎黄子孙。

　　然后，黄帝乘胜追击，带着炎黄联盟继续向九黎部落发起进攻，两军在涿鹿发生了一场大战，黄帝战胜，蚩尤战死。九黎部落大部分融入了华夏族，这就是"黎民"的来历；黄帝和炎帝原本手下就有许多氏族，称"百姓"——黎民百姓一词就是这么来的。黎民是没有姓的，处于被统治地位，百姓处于统治地位，所以在早期，平民没有姓氏，有姓氏的都是贵族。

九黎一部分南逃至汉水，融入了三苗部落。尧帝时，三苗作乱，尧发兵征讨，在丹水打了一仗，三苗逃到了洞庭湖和鄱阳湖一带；舜帝时，三苗不服，又打了一场历时七十天的大仗，一部分三苗留在当地，融入后来的楚国，另一部分继续南逃，钻入云贵高原的崇山峻岭之中，形成了现在的苗族。

黄帝统一中原后，传了五代，帝位到了尧、舜、禹手上。尧、舜、禹的帝位据说是禅让的，其实是儒家的美化，从他们的都城变迁可以看出，这个时候的帝相当于一个部落联盟的盟主，谁有实力大家就听谁的，所以当了盟主的人还是在自己原来的地盘上号令天下，并没有搬到上一任盟主的地方去住。到了大禹，他把帝位直接传给了自己的儿子，开创了世袭制的先河。这就是中国历史上第一个王朝——夏朝。夏朝的都城频繁变动，但主要还是在河南一带，受黄河泛滥的影响。

夏朝传了四百多年，被商取代。商部落也是东夷人的一支，东夷人主要聚集于山东丘陵地带，山东有渔盐之利。商部落已经被华夏化了，处于东夷与中原的交汇地带（商丘）。这时的"夷"并不是指外族，只是生活习俗不一样。"夷"是个象形字，指一个人背着大弓，夷人就是擅长射箭的人，他们不种田，以打猎捕鱼经商为生。后羿就是东夷人，他的箭法高超，传说中能射下天上的太阳。姜子牙也是东夷人，姜子牙被封到齐国，是最早的"以夷制夷"。周朝以后，夷才指外人，比如很长一段时间我们称日本人为东夷，后来英国人从海上来了，我们称英夷或洋夷。华夏也是指文化而非血统，例如朝鲜作为明朝的属国，在明朝被清朝灭亡后，一直用崇祯年号，穿明朝的衣服，并以华夏正统自居，称清人为蛮夷。民族主义是第二次世界大战之后才兴起来的思潮，中华文化这么强大的同化能力，正是因为它的包容性，从来不以血统论，只要你认可我的文化，咱就是一伙的。汉族也不是一个单纯的民族，如果以血统论，汉族的血统可能是最不纯的。从一开始，华夏文化就是各部族融合的成果。

商朝定都于亳（bó，今商丘北），也是几经变动，后来迁到殷（今安阳）才稳定下来，纣王时商朝的实际首都是朝歌（今河南淇县）。牧野之战就发生在这里。

在殷地发现的商朝遗址就是殷墟，这里最大的发现是甲骨文，将中国有文字的历史又向前推了一个朝代。甲骨文是象形文字，与我们现在用的汉字一脉相承。文字是文明传承的载体，在其他的古文明（古巴比伦、古埃及、古印度）早已消失的今天，中华文明能一直传承到今天，汉字起了十分重要的作用。我们今天能读懂先秦的文章，得益于汉字的独特性。字母拼写的文字是表音的，随着语音的变化，拼写也随着变化，时间一长，后人难以看懂前人的文字；汉字是表意的，无论读什么音，即使外国人用（如日本、朝鲜），也无论语音怎么变化，意思大体不会变。比如一个北方人，让他听客家人说话（其实就是中国古代的汉语），和听外语没什么区别，但写出来的文字，是相通的，这在用拼音文字的国家很难想象。有个外国历史学家打了个比方，他说汉字就像阿拉伯数字一样，比如"1"，不管你是用英语念"One"，还是用法语念"Une"，或者用德语念"Ein"，意思都不会变，这对于用拼音文字的人来说，太神奇了。中国的方言这么多，如果用拼音文字，简直不可想象。今天，古巴比伦和古埃及的文字，只有专家才能解读出零星的片段，而我们就不存在这个问题。我们又

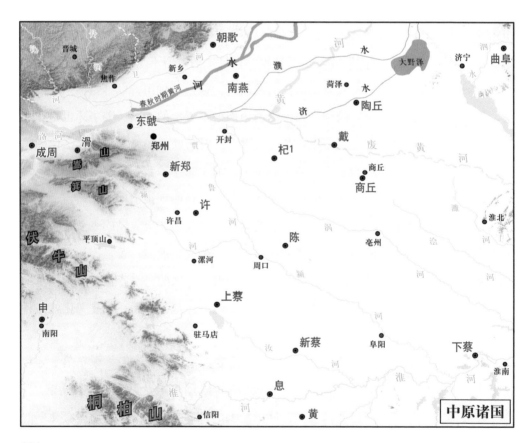

有记录历史的传统，知道自己从哪里来，而那些古巴比伦人、古埃及人，早已不知到哪里去了。

虽然从仓颉造字开始，到商朝开国，中间经历了一千多年，但这一时间段的文字，至今没有考古发现。中国有文字的历史，现在能证实的，是从商朝开始。老外至今都不承认我们之前有个夏朝存在。

商朝传了五百多年，最后武王伐纣，来自西边的周取代了商。纣王是周朝对商朝末帝的称呼，史书称为帝辛。帝辛实际上是一位很有作为的领袖，武王伐纣的时候，商朝的主力军队正在征讨淮夷（淮河一带的东夷人），武王钻了个空子。

周朝建都镐京（西安），同时在洛阳建了副都。

公元前841年，周厉王出逃，周公、召公执政，史称"共和"。这一年也是共和元年，从这一年开始，中国进入"信史时代"，一直到今天，将近三千年，都有文字记录，在全世界独一无二。以前的历史，要么是传说推测，要么是后人的引用转记，要么就像甲骨文那样，只是一些文字片断，没有确切的年代。

我在关中那一章里讲过，西周末年，周平王东迁，首都在洛阳，这就是东周。东周分两段，春秋和战国，各诸侯争霸的主战场就在中原。

洛阳是个盆地，三面环山，一面临河。往西，有函谷关与关中相连；往东，

出虎牢关入中原腹地。周王迁都洛阳的时候，关中已被犬戎占据。东边是他的亲戚——郑国。那时候虎牢关还不叫这个名字，叫制，控制在郑国手上，所以第一个上来欺负周王的是郑国。郑庄公几战下来，让周王室颜面扫地，从此周王在诸侯心目中的地位一落千丈。周王室也从此不再过问诸侯的事，老大不管事了，诸侯就开始起来自己争当老大。

周王室的衰落，主要在于镐京之乱，伤了元气，又丢失了关中那块地，养不活那么多军队。按照周制，天子有六军，诸侯最多三军。到了洛阳，王室连养三军都困难。洛阳虽是个盆地，有山有水，但毕竟面积比关中小多了，出产的粮食有限。

虎牢关是洛阳的东大门，在现在荥阳市的汜水镇，唐以后称汜水关。荥阳也是个产粮的地方，刘邦出关中争天下的时候，和项羽在这一带打了很久，处于胶着状态，后来就以鸿沟为界，也称楚河汉界。虎牢关的南面是嵩山，北面是黄河。历来取洛阳必走虎牢关。东汉末年，董卓把持朝政，十八路诸侯讨伐，打到虎牢关，于是就有了"三英战吕布"这一场精彩战斗。

在洛阳南边，嵩山和熊耳山连接处，有一个非常狭窄的小缺口，叫龙门，我

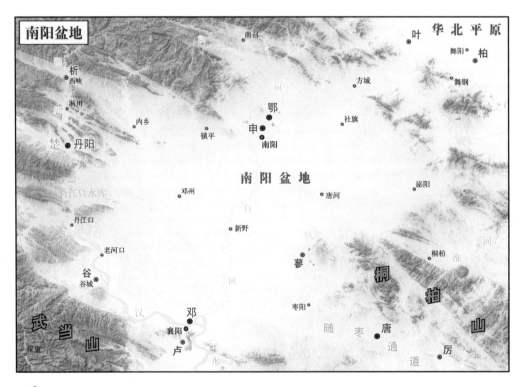

们熟悉的龙门石窟就在这里。龙门本可以成为洛阳的南大门，但恰好伊水从这里流过，这道门就被堵死了，这样也恰好保证了洛阳的安全，免却了后顾之忧。

再往南，过了伏牛山，就是南阳了。南阳也是个盆地，但比洛阳盆地大多了，而且直接锁住了襄阳的北大门。楚国进军中原时，首先就占领了这里。楚国在这里设了宛邑，所以南阳也称宛城。诸葛亮在《隆中对》中说："天下有变，则命一上将将荆州之军以向宛、洛。"宛就是南阳，洛是洛阳。诸葛亮的意思是说，可以带着荆州的兵马，先取宛城，然后北上中原打洛阳，洛阳历来都被尊为天下的中心。而且南阳是个大盆地，可以种粮，可以驻军，就算一时半会打不下来也退守有余。诸葛亮想到这个，曹操肯定也想到了，南阳北上不远就是许昌，是曹操的首都，他当然会派重兵把守这一带。

南阳的东北方是方城山。方城山不高，但楚国最强大的时候，以方城山为城，随时进入中原腹地，令中原诸侯如芒在背。

南阳的南面就是荆州的门户襄阳。襄阳东边是桐柏山，然后是大别山。桐柏山也是淮河的源头，淮河从这里一直向东延伸。桐柏山和大别山相接的地方，有三个关口：武胜关、九里关、平靖关。这三关在信阳的南面，信阳古称义阳，所以称为义阳三关。中原军队南下，如果打不下襄阳，可以打这里。不过义阳三关连接的是几条狭长的谷道，连克三关太难，容易困死在山谷。春秋末，伍子胥和孙武率领吴国军队攻入楚国，出其不意，走的就是这条道。解放战争时期，刘邓大军千里挺进大别山，走的也是义阳三关。三关历来属于荆襄，元朝时划归河南，相当于荆襄的命门把握在中原。这就是我说的蒙古人划分行省互相制约的又一例子。

中原的地形，除了洛阳和南阳这两个盆地外，其他的地方都是平地，东边与山东和两淮直接相连。平原地带便于交流，也促进了文明的发展，而春秋正是中华文明最辉煌灿烂的时期。

周王室的东面是郑国，郑国的都城在新郑。新郑现在属于郑州，是一个县级市，但比郑州的历史辉煌得多。郑州在周朝时称管邑，直到近代修铁路才真正发展起来。郑州正好处于南北（京广）和东西（陇海）两条铁路的交汇点，是个因交通而发展起来的城市，才一百多年的历史。郑国的首都原本在陕西的华县（渭南市华州区），后来搬到这里，取了个名字叫新郑。

春秋初期，郑国在郑庄公手上的时候风光了一把。郑庄公创造了两个成语，"多行不义必自毙""不到黄泉不相见"，一个说的是他弟弟，一个说的是他母亲。郑庄公虽然被称为春秋小霸，但历史评价不高。一是他对周王不敬，让手下人用箭射伤了周王，算是不忠；二是对母亲不太好，算是不孝；三是没让弟弟早点悬崖勒马，算是不悌。郑庄公确实比较腹黑，特别是与后来的齐桓公比。齐桓公打的是"尊王攘夷"的旗号，不管是不是真心，面子上处处把周王摆到前面，一下子让诸侯心服口服，尊他为霸。郑国是个四战之地，在庄公死后，成了诸侯欺负的对象。郑国也破罐破摔，干脆做个墙头草。楚国来了他投降楚国，晋国来了他投降晋国。同样的弱国，鲁国就做得比郑国好，鲁国夹在齐楚之间，采取的对策是：齐国你要打我我就投靠楚国，楚国你要是欺负我我就投靠齐国。最后齐楚都不好欺负他，这就叫"间于齐楚"。弱国无外交，但也可以用智慧最大化保护自己的利益。战国时，郑国是第一个被灭掉的大国，韩国占领了这块地盘。韩国也是第一个被秦灭掉的七

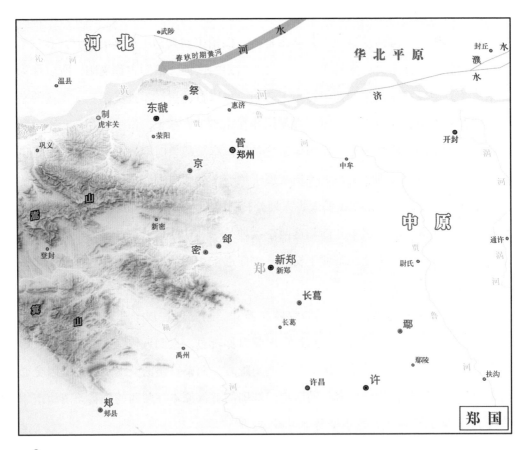

雄之一。

郑国的东面是宋国，北面是卫国。宋国的都城在商丘，是商人的故地；卫国的都城也在商朝故地——朝歌。这两个国家都是殷商的遗民。而且宋国的爵位在诸侯中最高，是公爵，因为周人曾经是商人的臣子，爵位低了不合适。

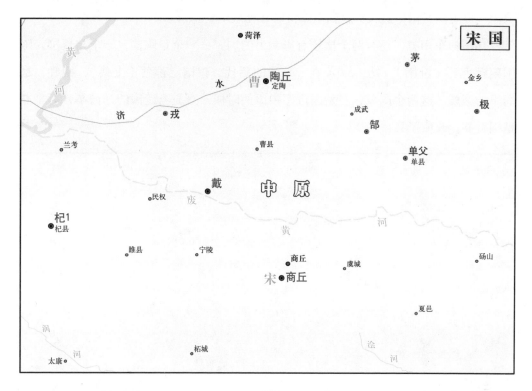

宋国出了个宋襄公，因为他不肯在敌人渡河的时候打人家，一定要等别人过完了河，摆好了阵式再开打，结果一败涂地。宋襄公在齐桓公死后，也想称霸，但没成功。生于乱世，像他这么教条的人很难生存。宋襄公成了兵法上的反面典型，孙武总结了他的事迹，在兵法里强调说："军过半渡而击之。"

宋国还是孔子的故乡。宋殇公时期，宋国的司马孔父嘉，娶了个漂亮的老婆。有一天，太宰华督在郊外碰到了孔父嘉的老婆，惊为天人，就想据为己有。于是华督找了个借口杀了孔父嘉全家，抢了他的老婆。孔父嘉有一个小儿子，被家臣抱着偷偷跑了出来，逃到鲁国，后来就在鲁国生活，以孔为氏，世代繁衍。这个小孩就是孔子的五世祖先。

战国末，宋国被齐国吞并。齐国吞并宋国引起邻居们的恐慌，于是五国联军在乐毅的带领下，差点把齐国灭了。

卫国虽说也是殷商遗民，但只是底层百姓，贵族还是姬姓，是周王室的亲戚。卫国实在太弱，也没什么作为。北方的山戎来时，卫国被灭了国，后来在齐桓公的帮助下才复了国。但卫国出人才，李悝、吴起、商鞅、鬼谷子、吕不韦、荆轲都是卫国人；卫国又活得最长，直到秦二世时才彻底消亡。

郑国的东南方，还有两个比较有影响力的国家，一个是陈国，一个是蔡国。陈国定都宛丘（淮阳），妫（guī）姓，是舜的后代。蔡国定都蔡（上蔡），姬姓，是周王的亲戚。这两个国家，在楚国进军中原的时候一直充当楚国的马前卒，后来被楚国吞并，改成了县。

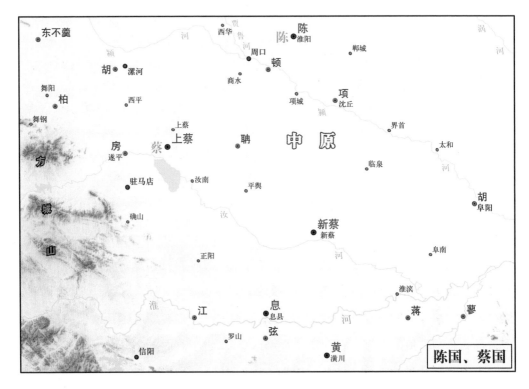

陈国、蔡国

不过陈国曾经发生过一件事改变了齐国的历史，怎么回事呢？陈国曾经发生过一次内乱，公子完跑到齐国投奔齐桓公。齐桓公给他封官封地，陈完就在齐国安了家，后来以田为氏（古时陈和田同音）。这个田氏到了第九代田和的手上，势力很强，就篡了齐国的权，史称田氏代齐。战国时的齐国，从齐威王开始，已经不是姜子牙的后代，而是陈完的后代了。

郑国的南面，还有个小国，许国。郑庄公时代，郑国吞并了许国。许国的位置就是后来的许昌，三国时汉献帝落难，曹操把他接到许昌，并以许昌为首都，从此挟天子以令诸侯。

从春秋到战国，几乎所有的争霸战都围绕着中原展开。作为霸主的标志，就是要得到中原诸侯的认可，因此中原这些诸侯成了各位霸主争取的对象，同时也是打击的对象。其实我们从这里可以看出，春秋五霸，齐、晋、楚、秦、吴，都是在中原的外围，处于中原腹地的诸侯，如郑国、宋国，虽然也折腾了一阵子，但还称不上霸，这说明中原是个四战之地，身处中原容易四面受敌，自身很难发展，但要想取天下，夺取中原是必走的一步。

秦统一中国的细节就不说了，说说郡县制的事。郡县制其实是楚国最先实施的。怎么说呢？比如以前吧，某位大将立了功，抢到了一块地，比如黄国，通常的做法就是把黄国封给这位功臣，黄国就是他的封地，黄国内所有的事务楚王不得干涉。后来楚王不干了，说：我不给你封地，我把黄国改成黄县，让你去当县公。于是理所当然的，黄县所有的税收都归楚王，军队也是楚王派驻的。这样一来，楚王的实力增加了，卿大夫们的势力相对就弱小了，用现在的话说，就是加强了中央集权，削弱了其他贵族的权力。这就是郡县制替代分封制。郡县制的结果说白了就是加强中央集权，这个制度必然会遭到贵族们的反对，以前打完胜仗是可以得一块地的，现在变成个县长，有什么稀罕的？贵族们不稀罕，平民却稀罕，所以士族兴起。

但是楚国并没有把这套制度贯彻下去，也不好贯彻，仅仅是在一些新抢来的地盘上实行过，像黄国、邓国、息国，都改成县，但对于大夫们原有的封地，却不敢动。战国时各国招贤纳士，变法图强，本质上都是要搞郡县制。郡县制搞好了，国家自然就强了。但来自贵族的阻力是非常强大的，郡县制的本质就是削弱原有贵族，把贵族兜里的钱变成国家的钱。商鞅变法让秦国强大了，但是他为什么会被车裂？就是因为他侵害了贵族的利益，让他们恨得牙根痒。所以到战国后期，各国基本上是没有封地的，功劳再大也就封个君。君和以前的卿大夫不一样。西周的贵族等级是：王、诸侯、卿大夫、士。嫡长子继承身份，其他的儿子降一级。王只有一个，就是周天子，掌管天下。王给诸侯封块地，让诸侯去建立自己的国家，这叫封建。诸侯再把自己的地分给卿大夫（卿比大夫地位略高），这叫家。士是没有封地的，那时候都没有俸禄一说，全靠地，所以士是最低等的贵族，但没有收入来源。但士是卿大夫的孩子，从小受过良好的教育，可以到公室或大夫家里做事。战国时那些到处游走、谋取功名的人大多都是士。其实他们和平民没什么两样，不同之处就是受过良好的教育，这种教育就叫修身。所以修身、齐家、治国、平天下，说的是这四等贵族的事。后来用士指读书人就是从这里来的，读书人也以这四样东西为人生目标。

战国后期的封君，比如孟尝君、信陵君、春申君、平原君，号称战国四公子，都是宰相级的人物，他们也有地，但不是封地，叫食邑或者采邑，这块地还是国家的，你只有收税的权力，其他的权力都没有，而且不能世袭。商鞅后来被封为商君也是一样的道理。这和春秋时的分封差了十万八千里，所以贵族不干。但士子们愿意，所以到了战国，出现了很多布衣卿相，就是这个道理。

各国的改革都不彻底，因为有贵族的阻挠。只有秦国把这个做到了极致，而且严格执行。所以我们可以算笔账，秦国是集全国之力在打仗，其他六国，只有国王出钱打仗，下面的贵族该贪的贪，该捞的捞，结果可想而知。

秦始皇统一中国后，把全国的贵族一网打尽，这些贵族后来形成了一股强大的反弹力量。我们千万别以为这当中平民会感激秦始皇，没了贵族，平民也没了工作，要自谋生路。秦国一倒台，没有人为它唱挽歌，几乎所有人都恨秦国，所以它才会亡得那么快。

所以，项羽反秦的时候，打的就是分封制的旗号。后来的汉朝，是半分封制。到汉景帝的时候，发生了七国之乱，中央感到分封制对皇权的威胁。汉武帝搞了个推恩令，才逐渐削弱了诸侯国的势力。推恩令说白了，以前是嫡长子继承制，其他的诸子没有继承权，推恩令让所有的儿子都来平分老子的封地，几代下去，诸侯国越来越小，最后也就相当于一个小县城，对皇权没有任何威胁了。这样，中央集权才巩固下来。

汉朝定都长安，东汉时迁都洛阳。三国时，曹操迎汉献帝到许昌。西晋又定都洛阳。五胡十六国时，北方的政权更迭频繁，中心始终在长安和洛阳之间摇摆。北魏一开始定都平城（大同），后来迁都到洛阳。隋朝统一了全国，修建了大运河，洛阳是南北运河的中心。从此，洛阳和开封逐渐取代了长安的地位，成为政治中心，天下的物资也集中到了这里。宋朝时更是到达鼎盛，洛阳称西京，开封称东京。到了元朝，定都北京，运河改道，绕开了中原，直接从江南通两淮过山东运往北京，洛阳和开封一下子就落寞了。我们今天很难想象，清明上河图里的景象描绘的就是开封。"只今惟有西江月，曾照吴王宫里人。"

从周朝起，洛阳一直作为长安的副都。周天子有九鼎，传说是大禹治水后集九州之青铜铸造的。平王东迁后，九鼎也随着搬到了洛阳。春秋时，楚庄王打败了晋国，顺道跑到了洛阳，问周天子，你这鼎有多重啊？从那以后，问鼎中原就有了特别的含义。中原有我们的历史，中原代表的是正统，历朝历代的皇权争夺者，无不以中原为目标，夺取中原，才能拥有天下。

第七章　巴山蜀水，天府之国

重庆一带多山，成都一带多水，所以我们把四川盆地称为巴山蜀水。整个四川盆地四面环山，进出极其困难，所谓"蜀道难，难于上青天"。

今天我们常说，少不入川，因为这里生活好，气候适宜，吃得好，美女又多，年轻人到了这里，就没有斗志。这也就造成了在历史上，四川这个地方的人不好

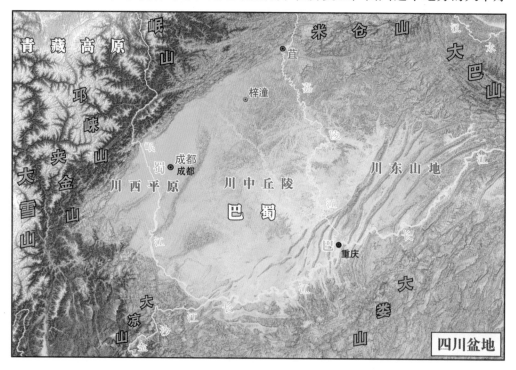

四川盆地

斗。一般穷山恶水才会形成彪悍的民风，像游牧民族，为了口吃的就玩命，自然善战。像江南、四川这种地方，历来都是只要你别来打我、破坏我的生活，我对你那地方也没兴趣。这也是为什么北方的政权总想攻占江南，而南方的政权喜欢偏安一隅的原因。

在很早的时候，成都这个地方有个蜀国，重庆这个地方有个巴国。那还是在战国以前，巴蜀两国和中原地区没什么来往，所以关于它们的历史记载也不多。我们只知道蜀国的第一任领导人是蚕丛氏，因为他是最早养蚕的。还有后来的杜宇，唐诗里经常提到，"望帝春心托杜鹃"中的望帝，就是杜宇，后来化作了杜鹃鸟，"杜鹃啼血"说的也是他。从这些故事里我们知道那时候成都平原上水灾是很严重的，还不是天府之国。至于巴国，曾参与武王伐纣，被周朝封为子爵，和楚国一个等级。在春秋时，楚国在长江上游秭归一带，经常和巴国作战，巴人还打死了一位楚王。但在楚国眼里，巴国总上不了台面，楚国为了挖苦巴人，把楚国的低俗歌曲叫"下里巴人"，高雅歌曲叫"阳春白雪"。

三星堆文物的出土，证明了古蜀国的存在。"蜀"字就像一个头顶长着大眼睛的虫子，三星堆出土的青铜人面像，双眼突出眼眶十几厘米，造型奇特。四川是个大盆地，四面环山，蜀人很想有只大眼睛，伸出去看看外面的世界。不过这个地方，一直到战国末期，才和中原华夏文明有交集。

三星堆青铜人面像

蜀国地处平原，巴国在盆地东端的山地，这两国从一开始就在这个盆地里内斗。在农耕时代，粮食的产量决定一个国家的国力，平原地区产粮，所以蜀国经常欺负巴国。

巴人不种地，以贩盐为生。在三峡两岸，有许多古老的盐井，巴人将这些井里的卤水提取上来后，煮一煮就成了盐。这种盐被人称为巴盐，时间久了，慢慢就变成了"盐巴"。在农耕民族的眼里，这种不稼不穑、不劳而获的行为甚为可耻，所以楚国会说他们是下里巴人。

到了战国末期，巴国又被蜀国欺负，于是向北边的秦国求救。秦将司马错正想先取巴蜀，再顺江而下取楚国，于是答应了巴国，南下秦岭灭了蜀国，然后顺便把巴国也灭了。这是典型的假途灭虢之计，晋人在几百年前就干过。从此以后，巴蜀归入秦国的版图，改为巴郡、蜀郡。巴蜀正式纳入华夏文明。

司马错在取巴蜀之前，还与张仪进行了一番争论。张仪建议秦国先取洛阳，据九鼎，挟天子以令诸侯，巴蜀是戎狄之国，打下来也没什么用。司马错却认为，攻击周天子就会成为众矢之的，而打巴蜀，就是尊王攘夷，可以名正言顺地占有巴蜀。秦惠王（就是芈月的丈夫）最终采取了司马错的建议。不得不说，张仪这一言论像个妄人，司马错却务实得多。秦国这时候还不具备号令天下的实力，如果强行挟持周王，会引起诸侯群起而攻之。

秦国占领巴蜀后，这里还不是天府之国，成都一带多水，经常泛滥成灾。成

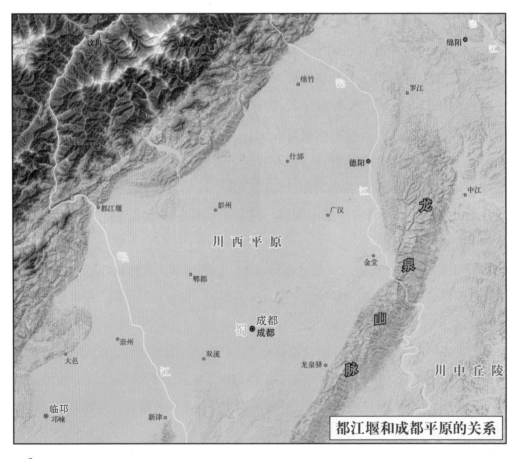

都江堰和成都平原的关系

都平原（川西平原）本身就是河水冲积而成的。成都的西边，从都江堰开始往西，海拔从几百米一下子上升到六千多米（成都平原海拔五百米左右，四姑娘山海拔六千二百五十米），大多数河流都发源于此，以岷江为代表，河水从青藏高原奔腾而下，地势陡降，流速减缓，泥沙淤积，堵塞河道，水势漫过河堤，给成都平原上的百姓造成灾难。秦昭王时代，李冰任蜀郡太守，带着二儿子在此治水，修建了都江堰，使成都平原从此成为千里沃野，水患彻底根治。天府之国最早是形容关中的，从此这个头衔就被四川夺走，保留至今。两千多年了，都江堰一直到今天还在发挥作用。蜀地人民对李冰父子感恩戴德，建庙供奉。在都江堰附近的二王庙里，李冰的二儿子已经是三只眼的神仙了。二郎神的全名是"灌江口二郎显圣真君"，都江堰以前叫灌县，二郎就是李冰的二儿子，据说二郎神的原型就是他。

都江堰的原理，说简单点，就是在河中修建一个鱼嘴，使河道变窄，这样河水的流速就不会太慢，泥沙也就不会沉积，其中分出来的一条河道引入灌溉系统，随时调节。当然这只是原理，真正做起来且管用不容易。

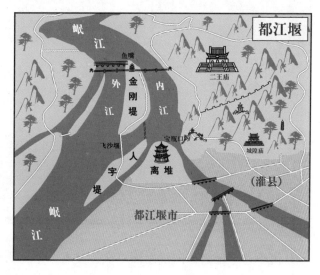

秦人从关中南下，当然是先取汉中，汉中这时已经属于蜀国。在此之前，也就是春秋以前，从夏朝开始，这里属于褒国。褒国你不了解，但你一定知道褒姒这个人，就是"烽火戏诸侯"的那个大美女，她就是褒国人。这里现在还有很多以褒命名的地名，如褒河、褒河镇、褒城县等。春秋时，褒国被秦国灭，后来被蜀国抢走。司马错灭蜀，先抢回了这里，置汉中郡。

汉中因汉水而得名，从这里顺汉水而下，可以直达襄阳。汉水下游还有两个小盆地。一个是安康，和汉中海拔相当，基本是作为汉中的附属。另一个在竹溪县和竹山县，在武当山的南面，是个高山盆地，四面环山。商周时，这里有庸国，正好处于秦、楚、巴三国交界的地方，庸国不自量力，向楚国挑战，楚国联合秦、巴两国瓜分了庸国土地，"庸人自扰"说的就是他们。楚灭庸后，庸人逃至张家界一带，在那里定居，怀念故国，于是将附近的一条河命名为"大庸溪"。因此，竹山、竹溪一带也称"上庸"，张家界（原大庸）一带称为"下庸"。上庸离襄阳已经很近了，直线距离才两百千米。三国时刘封和孟达守上庸，关羽在荆州败走麦城的时候，刘封本来是要派兵相救的，后来孟达说，把上庸的兵派出去，会牵连汉中。可见上庸与襄阳和汉中的关系，是二者之间的中转地。

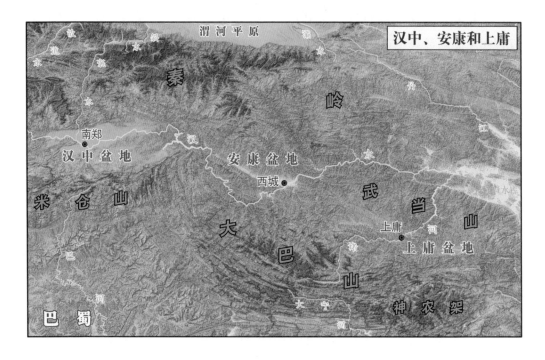

汉中这个地名，因汉水而得名。又有一个伟大的朝代因汉中而得名，再然后，我们华夏族因此而改叫汉族了。

刘邦和项羽推翻了秦帝国，项羽自封西楚霸王，封刘邦为汉中王，简称汉王。刘邦一开始很不高兴，觉得这个名号不霸气。后来张良给他解释，说汉指的是银河，吉祥啊。这是实话，在古文中，汉指的就是银河，我们看曹操的诗："星汉灿烂，若出其里"，还有"迢迢牵牛星，皎皎河汉女"以及"河汉清且浅，相去复几许"，都是汉朝的诗，这里面的"汉"指的就是银河。刘邦一听，大喜，就接受了汉王这个称号，后来统一全国，仍以汉为国号。汉武帝开疆拓土，东征西伐，无论北方的匈奴，还是南方的百越，都称这支华夏来的队伍为汉人。从此以后，汉人就替代了华夏，成为我们这个民族的称号。所以要说汉族这个名称的由来，那就是"汉水—汉中—汉朝—汉人—汉族"这么个顺序。

整个四川的地形，与外界都是大山隔绝，真的是"千山鸟飞绝，万径人踪灭"。自古以来只有两条路进入四川，一条是东面的长江三峡，一条就是北上取汉中。

长江三峡不用说，在古代没有蒸汽轮船的情况下，多数情况逆流而上只能靠人工拉，难度可想而知。我们所了解的也就是刘备入蜀了，可是别忘了，刘备是益州牧刘璋请他去对付汉中的张鲁的。如果是两军作战，想沿长江逆流而上攻占巴蜀几乎不可能，从成都顺江而下倒是经常发生。在古代，水路是最方便的运输方式。如果是陆路，人可以翻山越岭，但粮草不行，粮草得用车拉，要过车的话，至少要有一辆车宽的路，坡度还不能太大，否则拉不上去。水路主要是运粮方便。三峡是四川东边的大门，一般很难从水路逆流攻上来，顺江而下倒是很容易。所以对于巴蜀来说，几乎没人会从这里打过来。如果从这里打出去呢，其实风险也大，如果没有其他路线的策应，一时不能取胜，想退回来就难了，刘备被火烧连营就是个例子。因为三峡航道的艰险，蜀地如果是偏安一隅的话，也很少去攻击别人，一般是作为北方政权攻击南方政权的西线。所以出入四川，就只剩汉中一条路了。

汉中地处关中和巴蜀之间，是个小盆地，地理位置却十分重要，是从关中入蜀的必经之路。汉中与关中隔着秦岭，与蜀中隔着米仓山（大巴山的西端）。汉中到关中的路极其艰险，在讲关中的时候我讲过，这里不再赘述，这里讲讲从汉中到巴蜀的路。

四川盆地内部是一马平川，只有一些丘陵，形成不了险阻，从汉中来的兵马只要进入盆地，成都就无险可守。所以防守的关键，在大巴山的几条通道。从汉中到蜀中，主要有三条道路，从西向东分别是金牛道、米仓道、荔枝道。

其中金牛道从阳平关（在汉中勉县附近，不是今天的阳平关）出发，过米仓山，到四川广元，再经过剑门关（剑阁），到达绵阳，最后抵达成都。

米仓道自汉中（南郑）出发，过米仓山，直通向四川的巴中，入成都平原。

荔枝道从汉中子午镇出发，经过西乡、万源，最后到四川达州，达州向南直达重庆。当年杨贵妃吃荔枝，唐玄宗派人从四川急运荔枝到长安，所谓"一骑红尘妃子笑"，走的就是这条路，所以被称作"荔枝道"。

除了这三条主要道路外，还有一条阴平小道，从甘肃文县翻越摩天岭，穿过龙门山，最后直抵江油。这是条小路，行进艰难，但在战争中往往起到出其不意的作用，三国时期，邓艾偷渡阴平，走的就是这条道。

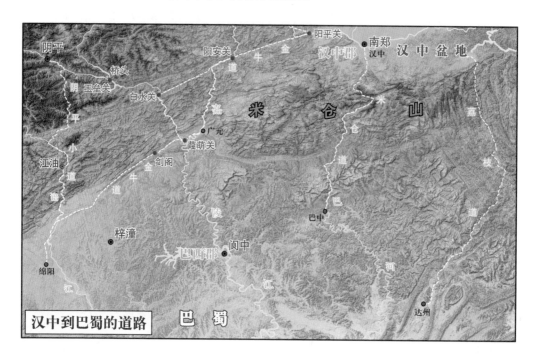

汉中到巴蜀的道路

在这四条道路中，最常用的是金牛道，因为金牛道直抵蜀地的政治中心成都。在这条道路上有一座剑门关，自古以来号称"剑门天下雄"。剑门关是蜀地的门户，自从诸葛亮在这里设关以来，剑门关从来没有被正面攻克过。想要攻克剑门关，只能采取迂回的办法，从小路绕到剑门关背后，邓艾就是这么做的。当时钟会的十万大军在剑门关下攻了好几个月也没成功，最后粮食吃完了，正想撤兵回去，谁知邓艾已经绕道阴平小道，从江油进入蜀中，攻陷了成都，于是守剑门关的姜维只好投降了。

总的来说，大巴山没有秦岭那么险，从蜀中取汉中比较容易，所以自古以来，汉中很容易成为巴蜀的附属。秦国最早夺取了汉中，后来轻易地被蜀国抢走，就是这个道理。汉中常常被巴蜀占据，既作为北部的一道屏障，也是北上夺取关中的基地。刘邦是这么做的，诸葛亮也是这么做的，不过在三国时期，蜀地人口少，汉中几乎是个无人区，诸葛亮北伐时，所有的粮草都是从成都运过来的，从成都到汉中，再转运到祁山，几乎全是狭窄的山路，难度大，效率低，所以几次北伐都是因为粮草用尽而回。传说中诸葛亮发明了木牛流马，就是因为这里运粮太难。

从秦汉以后，巴蜀是天下最大的粮仓，又易守难攻，所以养成了蜀地人的安逸性格，很少像其他地方的人那样产生图谋中原的想法。刘备入蜀后，一心北伐中原，光复汉室，实际上当地的益州官员是不赞成的。他们在此生活了几辈子，安逸惯了，并不想自讨苦吃。从另一个角度讲，巴蜀的本地人在政治上往往胸无大志。很多人认为，刘备死后，诸葛亮用人不当，一直到六出祁山时用的还是从荆州带过来的那些人，没有培养新人。这其实是跟地域有关，荆州是个四战之地，生于那里的人，看惯了南来北往的征伐，从小立志建功立业，平定中原。而生于巴蜀的人，从小安逸惯了，懒得费心思去琢磨这些事。不是诸葛亮不会用人，而是蜀地确实无人可用。诸葛亮死后，荆州过来的人也基本上都完了，姜维的资历太浅，更调不动当地人，蜀汉成了一个偏安一隅的政权，他们对中原一点兴趣都没有了。

蜀人不好战，所以中原政权过来，他们基本不太抵抗。刘秀攻蜀，不足两年；刘备入川，不足两年；钟会、邓艾伐蜀，五个月；桓温伐蜀，四个月；五代时后唐灭前蜀，历时七十五天；赵匡胤灭后蜀，历时两个月；明朝克四川，不足五个月。基本都是一鼓而下。后蜀的花蕊夫人有一句诗："十四万人齐解甲，更无一个是男儿。"说的就是赵匡胤灭后蜀时的情况。

不好战并不等于不善战。蜀人要的是安逸的生活，中原汉人政权来了，无非是换个皇帝，不会破坏他们原有的生活，但如果是外族人来了，移风易俗，打破了他们的好日子，那对不起，抗争到底。所以蒙古攻宋，四川持续抵抗五十年，直到南宋皇帝投降后，四川仍然坚持抵抗了三年，蒙古的大汗蒙哥就是死在了重庆的钓鱼城；清军入关，四川也持续抵抗十余年；更别说抗日战争时期了，四川作为抗日的大后方，十四年抗战期间出川抗日的有三百多万人，死伤六十多万，都不能用悲壮来形容了。

秦朝的时候，全国的行政区划只有郡、县两级。汉朝的时候，在郡县以上又设了州，刘邦的根据地——巴郡、蜀郡、汉中合并为益州，治所在成都。益州大致相当于后来的四川省，1997年，重庆市从四川省划出，成立直辖市。

汉朝设州，唐朝设道，宋朝设路，元朝设行省，明清简称省。在宋朝的时候，四川这里分为益州路（成都）、梓州路（三台）、利州路（广元）、夔州路（奉节），合称"川峡四路"，"四川"的名字就是从这里来的，并不是因为四川境内有四条河，四川境内的河多得数不清。

四川的西部，就是青藏高原的东沿，海拔骤然升高五六千米，形成了极为壮观的景象，这里分布着众多名山：青城山、峨眉山等，有着各种各样美丽的传说，还有九寨沟、黄龙这些纯净的山水。山的西边，就是莽莽雪原，俗称大雪山。大雪山上终年积雪，人迹罕至，历史上，只有两支军队从这里走过。一支是蒙古大军从这里绕过四川南征大理，另一支就是红军长征从这里绕过防守严密的成都平原去陕北。还有一支就是太平天国的石达开，死在了大渡河，没过去，不算。这一带北部是藏人和羌人混居的阿坝州，南部是藏人为主的甘孜州。甘孜这一带在民国时曾成立过西康省，西康省的省会是康定，就是《康定情歌》里唱的那个地方。康定是川藏咽喉，川藏线和大渡河都经过这里，也是茶马古道经过的地方。

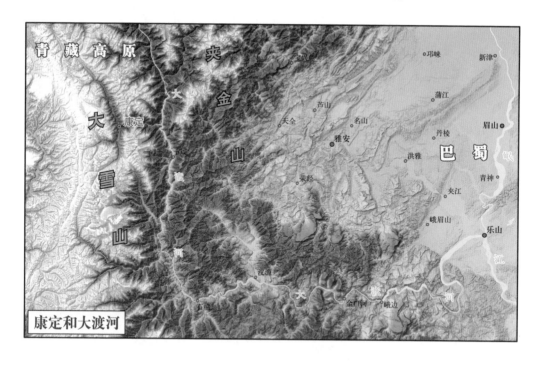

康定和大渡河

大渡河从青藏高原流下，在乐山汇入岷江，岷江在宜宾汇入长江。长江从宜宾开始，上游称为金沙江。毛泽东诗词："金沙水拍云崖暖，大渡桥横铁索寒。"描写的就是这一带长征路上的事。

金沙江从大凉山上流出，大凉山是彝族人聚集的地区，这里也是云贵高原的北端，道路极其难走。

金沙江沿宜宾向下游，就是重庆。重庆处于嘉陵江和长江的交汇处，嘉陵江古称渝江，所以重庆简称"渝"。从重庆到万州这一段，也就是四川盆地的东部，以山地丘陵为主。其实整个四川盆地，除了成都附近是平原外，其他的地方都有一些山丘，但重庆以东的山地更高一些。抗日战争时期选重庆为战时首都，一方面是考虑到四川盆地易守难攻，日本人轻易进不来；另一方面，日本人的飞机能进来，相对而言，山地好防空袭，所以不能选当时四川最大的城市成都；还有一方面，这里控制着长江三峡的出入口。整个抗战时期，从上海到武汉，沿江大大小小的工厂、企业、银行费尽周折搬到了这里，政府官员、家属、学生，还有知识分子也集中在这里，重庆一时成为全国乃至亚洲的中心。这一历史给重庆这个城市留下了一笔宝贵的财富。

万州是长江三峡的入口。从这里下去，一直到出口夷陵，就是三峡水道。整个

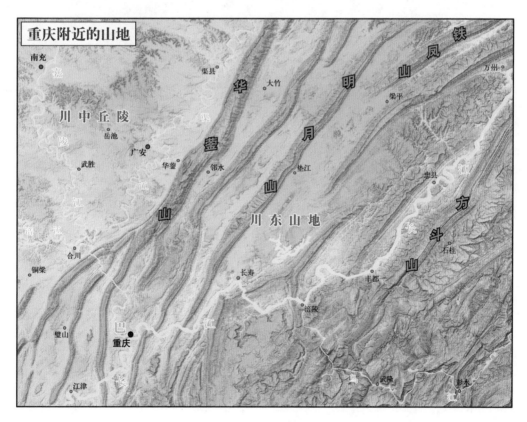

重庆附近的山地

长江水道的艰险全在这一段。

整个四川盆地和三峡的北边，是大巴山脉。大巴山脉很大，从西向东，包括米仓山、大巴山、神农架、荆山。武当山实际是秦岭的一部分，只不过被汉水切割出来了。在武当山和大巴山之间，有一块洼地，就是上庸。大巴山的最高峰是神农顶，就是传说中神农尝百草的地方。神农顶的南面，夹三峡两岸，就是巫山。巫山有很多传说，最有名的就是神女峰。巫山也是现在湖北和重庆的界山，东面的巴东县属于湖北，西面的巫山县属于重庆。在早期，巫山也是巴人和楚人作战的主要地点。巫山以西，是奉节，奉节有个白帝城。"朝辞白帝彩云间，千里江陵一日还。"古人坐船，从白帝城到江陵，最快也要一天。刘备伐东吴失败后，退守白帝城，在这里托孤于诸葛亮，死在了白帝城。

刘备退守这里，是因为这里是瞿塘峡的上游关口。瞿塘峡是三峡最西的一个峡谷，险峻异常，当敌人溯江而上，刚刚走出数百里的三峡，就在这里迎头碰上瞿塘关。瞿塘关之险，不仅仅是因为水流险急，还因为江心中有滟滪堆。滟滪堆就是瞿塘峡江心中的一个大礁石，正对着长江航道。由于长江水量不同，滟滪堆露出水面的大小也不同，当地有歌谣："滟滪大如马，瞿塘不可下。滟滪大如猴，瞿塘不可游。滟滪大如象，瞿塘不可上。滟滪大如龟，瞿塘不可回。"1959年冬，为了改良长江航道，政府将滟滪堆炸掉了（现在这块巨石存放在重庆的三峡博物馆中），再加上后来又修了三峡水库，如今瞿塘之险已不复存在。

有一句话叫"天下未乱蜀先乱，天下已治蜀未治"。这就是说，每到乱世，四川因为它独特的地形，肯定率先独立；而天下平定之后，四川又往往是最后一个被收复的地区。

明末的时候，张献忠在这里割据一方，大肆屠杀川人，明军、清军、南明又在这里战乱不断，打了几十年，造成这里人口急剧减少。到清初的时候，这里已经是十室九空，曾经的天府之国一片凋敝，成都府出门三里能看到老虎。后来清政府从湖南、湖北大量移民到这里，才逐渐恢复了生机。这就是历史上的"湖广填四川"，其移民数量已远远地超过了本地人。湖广，在元朝时包括两湖两广，明清时指的是湖南湖北。这里其实是泛指，南方各省都有移民到四川，包括客家人，只不过湖广最多，占了六成，其中仅湖北麻城一个地方就占了湖广的一半。麻城孝感乡成了许多川渝移民后裔寻祖的圣地。孝感乡因为人口流失严重，后来并入了别的乡，现今已不复存在。当然麻城哪来那么多的人口供移民所需？所以在麻城当地还流传着一句话："江西填湖广，湖广填四川。"孝感乡更大程度上是个移民中转站。

四川人吃辣椒，也是随着湖广填四川传入的。对于现在的四川人来说，无法想象没有辣椒怎么活！其实辣椒是15世纪末哥伦布在美洲发现的，后来带回欧洲，明末才传入中国。在这以前，中国人的辛辣调料是茱萸——对，就是那个"遍插茱萸少一人"的茱萸——四川人当然也不例外。我们在唐诗里经常发现茱萸这个词，那是中国人本土的辣椒。美洲辣椒进来后，迅速取代了茱萸的地位，茱萸就从我们的餐桌上彻底消失了。

蜀道之难，造就了这个地方总是偏安一隅，又无心参与中原的纷争。不过到了近代，也就是抗日战争时期，正是得益于四川独特的地形，中国人才有了大后方，有了最后一道防线，并坚持到了最后的胜利。不然，我们现在就可能像孔子所说的："吾其被发左衽矣！"

第八章　山东与两淮

山东，因地处太行山以东而得名。又因春秋时这里是齐国和鲁国的所在地，所以又称齐鲁。

山东的地形主要是丘陵，西部有座泰山，其实并不算高，只不过在一马平川的华北平原上，显得很高。泰山加上它附近的鲁山、沂山、蒙山、尼山，大多数山体海拔在几百米，尼山的主峰海拔才三百多米，鲁山、沂山、蒙山的主峰也才刚刚突破千米，只有泰山的主峰玉皇顶突然增长到1500多米，所以站在泰山顶上才会有"一览众山小"的感觉。正因为周围大片的山体不高，所以泰山历来也只是作为象征意义，比如皇帝封禅之类，在军事上并没有什么特殊的作用。

最早生活在山东的土著，是东夷人。山东靠海，有渔盐之利，这里的耕地不如中原松软肥沃，种地的收成不如经商，所以东夷人会经商，使得这里商业发达。

东夷人建立了中国历史上第二个朝代——商朝。商人是被华夏化的东夷人，对于仍在山东未被华夏化的东夷人，商人的策略是抚剿并用。武王伐纣的时候，纣王的主要兵力其实正在讨伐淮夷。山东的夷人称东夷，两淮的夷人称淮夷，其实都是夷人，以地域区分而已。

周朝时，姜子牙被封到齐国，也就是现在的临淄，实际是回到他的故乡。姜子牙原本就是东夷人，他到了齐国，并没有像其他诸侯那样，大力发展农业，而是因地制宜，尊重东夷人的风俗习惯，发展商业。到了春秋时期，齐桓公拜管仲为相。管仲经过一系列的改革，齐国的经济飞速发展，国力达到鼎盛，称霸诸侯。管仲甚至开办了中国历史上最早的妓院，当然是国营的，用妓院的税收充军费，发展军事。其实从这里我们可以看出，在春秋时，凡是称霸的国家，都有蛮夷血统：齐国有夷人血统，晋国有狄人血统，秦国有戎人血统，楚国有三苗血统，吴国有百越血统。相反的，地处中原的郑、宋、卫、曹、陈、蔡，这些正统的华夏族占据着最好的中原腹地，战斗力反而弱。而这些地处边缘的国家，一边与周围的蛮族战斗，一边融合，既吸收了别人的战斗经验，也继承了蛮族好战的性格，自然比中原那些整天只知道讲礼仪的国家战斗力强。最明显的例子就是齐国和鲁国，鲁国的文化发达，但战斗力远远不如齐国。在周朝，征伐周边的蛮族是得到周王室的支持的，周王室分封诸侯的目的就是为了让他们挡住周边的蛮族，拱卫王室。地处中原的国家，没有蛮族的侵扰，天长日久，战斗力也下降了。

齐桓公在管仲的建议下，第一个打出"尊王攘夷"的旗号，孔子评价管仲说："微管仲，吾其被发左衽矣！"意思是说，如果没有管仲，我们就会像周边的蛮族一样，披头散发，穿左衽的衣服。华夏人的衣服是右衽，成年之后要束发，讲究"身体发肤，受之父母"，一辈子都不会剪，断发和披发，都是蛮夷的风俗。

北边的山戎进犯燕国，燕国向齐国求救，齐桓公北上抗击山戎，一直打到山戎的老巢——孤竹（也就是现在的山海关一带），把征服下来的土地都送给了燕国。燕君感激不尽，齐桓公回国的时候，一直把他送到了齐国的土地上，齐桓公说，我不是天子，国君相送不能出了自己的土地，于是把燕君走过的地方都割给燕国。所有的诸侯听说了这件事，无不佩服。燕国是召公的后代，召公与周公曾同朝辅佐天子，齐桓公还劝燕君向召公学习，要向周王纳贡。

华北平原还有不少狄人，狄人南下灭了邢国（邢台），齐桓公帮邢国在夷仪（聊城）复了国；狄人又灭了卫国，卫国国君战死，全国只剩5000人，齐桓公自己出钱出力，帮卫国在楚丘（河南滑县东）筑城复国。

齐桓公不以大欺小，不恃强凌弱，处处体现王者风范，中原诸侯在他的带领下，迅速征服和同化了周边的蛮夷。后世的称霸者都以他为榜样，却没有一个比得上他。齐桓公的称霸以武力为基础，但并不诉之于武力，只要能达到目的，能不打仗就不打。当时对齐国称霸威胁最大的是楚国，齐国带着联军前往问罪，但并不想真的开战。因为楚国很强大，一旦开战，损失无法估量。齐国千里迢迢地赶来，楚王说了一句话："君处北海，寡人处南海，唯是风马牛不相及也。不虞君涉吾地，何故？"这句话就是"风马牛不相及"这个成语的出处。风，就是发情，意思就是，马发了情，也不会去找牛，你齐国离我这么老远，跑到我楚国来干什么？齐国就找了个借口，说楚国没有向周天子进贡。楚国也不想打仗，于是答应了向周天子朝贡。两国签了盟约，就退兵了。齐桓公的霸主地位从此无人能撼动。

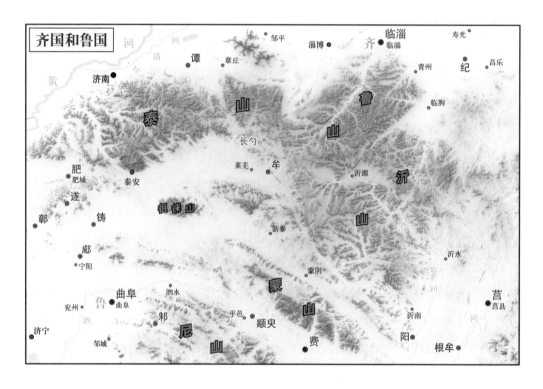

在山东，与齐国以泰山相隔的是鲁国，鲁国的都城在曲阜。鲁国在春秋战国时期始终是个配角。鲁国是正宗的姬姓诸侯国，齐国姓姜，两国经常通婚，也经常打仗，齐国强大，鲁国总是被欺负。鲁国的成就是在文化上，影响了中国两千多年。鲁国是周公旦的封地，周公旦制定了周礼，鲁国很好地继承下来了。在整个周朝，除了周王室的图书馆（老子工作的地方），各种图书最全的就是鲁国了。古代的竹简书，不容易带走，很容易毁于战火，如果君王不重视，很容易遗失。我们知道，当时夸一个人有学问，叫"学富五车"，就是读过五车竹简，如果按字数算，五车竹简大概也就在一百万字左右。当然，一百万字用文言写的策论和一百万字的通俗小说差别很大。鲁国出了个孔子，这和鲁国一贯的保守作风有关，也是鲁国一贯以来文化建设的最大成就。

东周时各国都有自己的历史，秦始皇焚书坑儒的时候，各国的史书都被烧了，只有鲁史幸存下来。这可能得益于孔子的弟子众多，抄写的附本多，其他国家的历史，只有一份，毁了就没了。晋朝的时候，盗墓者无意中在一位魏王的墓中挖出了《竹书纪年》。《竹书纪年》前半部是晋国的历史，后来三家分晋，后半部就记录了魏国的历史。《竹书纪年》描述了从夏朝到战国之间的很多事，与我们所了解的历史大相径庭，观点也相左，对全面正确了解先秦的历史非常有价值。所以说，秦始皇焚书坑儒，灭百家之言，不是没罪过，罪过大了。

鲁史分春、夏、秋、冬记述，简称《春秋》，这本史书记载的年代大致与某个历史时期相当，于是后来我们就把这段历史时期称为"春秋"。而战国，则是当时对七个争霸的诸侯国的称呼，后来用来代指这一段历史时期。

鲁国的编年史只是按时间记述事件，作者并无明显的偏向性，孔子将《春秋》重新编辑整理。一字之差尽显褒贬之意，这就叫"春秋笔法"，也叫"微言大义"。从孔子开始，中国的史书不只是记事，还负有教化的作用。孔子还把当时的流行歌曲集《诗经》进行了删减，只留了三百篇（可惜啊，删掉的部分我们再也见不着了），叫"诗三百"。孔子说："诗三百，一言以蔽之，曰思无邪。"思无邪是说没有阴谋诡计，全是真情流露。《诗经》里有很多古人谈恋爱的诗歌，孔子并没有反对，而是赞扬了他们的真性情。儒家一开始并没有那么迂腐，是后世的程朱理学提倡"存天理，灭人欲""饿死事小，失节事大"，才把儒学搞成了假道学。

孔子认为他所处的时代是个"礼崩乐坏"的时代。凡是上古的就是好的，凡是现在的就是坏的。礼和乐，是周朝维护秩序的两套法宝。在周朝，什么地位的人用什么样的礼，奏什么样的乐，都有严格规定。春秋时正是周礼被一步步破坏的时期，孔子周游列国，就是要恢复周礼。春秋早期，人们还相对单纯，没有那么多阴谋诡计，即使是打仗也很有骑士风度，举个例子：

邲之战的时候，楚军追击晋军，晋军的战车陷在泥地里出不来，楚军士兵就教他们把车前的横木抽掉，这样车就能跑了。晋军照做，车果然能动了，可是没跑多远，车又不动了。楚军又说，你把车上的旗子拔掉，把车辕上的横木扔了。晋军照做，车又能动了。晋军一边逃跑，一边对后面追击的楚军说，楚国果然是大国啊，仗打得多，逃跑也有经验。

孔子评价春秋的两位霸主说："晋文公谲而不正，齐桓公正而不谲。"春秋时期战争中的君子风度正是从晋国开始被丢弃。齐桓公一生比较顺利，国事都交给管仲处理，虽然好色，但心态正常。而晋文公重耳，在外逃亡近二十年，吃尽了苦头，也看透了人生，做事讲现实，什么礼仪在他眼里都不能当饭吃。

宋襄公曾说："君子不重伤，不禽二毛。古之为军也，不以阻隘也。寡人虽亡国之余，不鼓不成列。"意思就是说，在战场上，对已经受伤的士兵，不要进行二次伤害；头发花白的人，不要去抓他。古人打仗，不靠关隘险阻。我虽然是亡国的商朝后裔，也不会去进攻没有摆好阵势的敌人。

宋襄公一心想学齐桓公称霸，所以在战场上还要讲究这些谦谦君子之风，可惜时代变了，他这一套已经不管用了。孔子的祖上就是宋国人，也是商朝后裔，两人的想法倒是惊人的相似！

周礼内容繁杂，仅仪式程序这部分，就有祭礼、葬礼、婚礼、冠礼、笄礼，以及国王之礼、国君之礼、贵族之礼等等，令人眼花缭乱，目不暇接，只有专家才能搞得清楚。专门研究周礼的专家，被称为"儒家"。

即使是当时的国君，也搞不清在各种场合中该用什么礼节，演奏什么音乐，于是要聘请专人来帮忙，这个人随着国君出现在各种正式场合，叫"傧相"。孔子在鲁国担任了二十多年的傧相。"傧相"的职位很重要，后来演变成了国君的重要助手，也就是丞相。现代结婚时的伴郎、伴娘也叫傧相，正是借用了这个词。春秋时并没有丞相一职，战国时才有。只是我们有时习惯按后世的职位称呼，比如说"管仲相齐"，其实管仲的职位是大夫，并不是丞相，齐国还有两位比他职位高的卿，只不过实权都在管仲手上；还有"将相和"，蔺相如的职位是上卿，已经是诸侯国中最高职位的官了，相当于后来的丞相，但当时并不叫丞相。

孔子批评的乱世，也正是中华文明最灿烂辉煌的时候，我们叫"百家争鸣"，一直到今天，我们还在享受这些文明成果。与孔子几乎同时，也就是公元前5世纪，全世界的聪明人都诞生了，略举几例：孔子比释迦牟尼小14岁；孔子死后10年，古希腊的苏格拉底诞生；古希腊最聪明的哲学家亚里士多德比孟子大12岁，比庄子

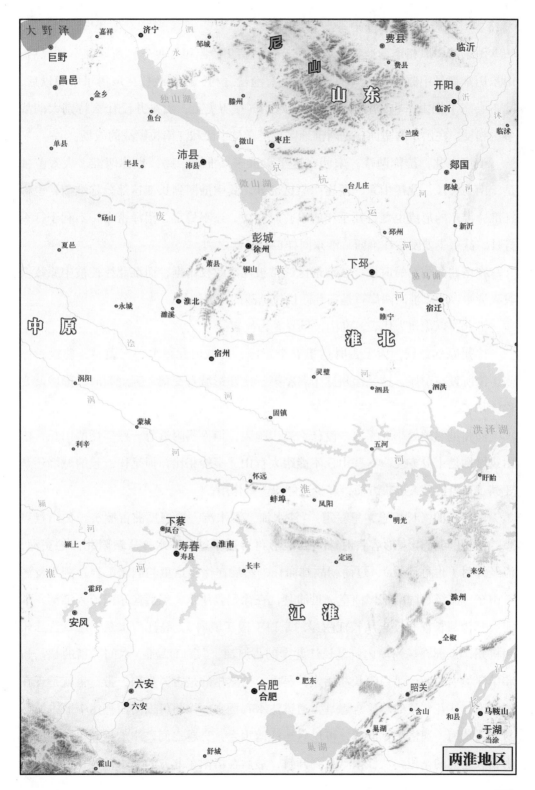

大野泽
巨野
昌邑
嘉祥　济宁
金乡
单县
邹城
泗水
独山湖
滕州
鱼台
微山
丰县
砀山
夏邑
沛县
沛县
京杭
尼山
山东
费县
费县
临沂
开阳
临沂
沭河
临沭
兰陵
郯国
郯城
河
微山湖
枣庄
台儿庄
新沂
中原
永城
濉溪
淮北
彭城
徐州
萧县
铜山
黄
郯州
下邳
宿迁
骆马湖
涡阳
宿州
涣河
濉
淮北
睢宁
蒙城
利辛
涡
河
河
灵璧
固镇
河
泗县
泗洪
五河
洪泽湖
怀远
蚌埠
凤阳
盱眙
明光
下蔡
凤台
颍上
寿春
寿县
淮南
淮
河
长丰
定远
来安
淮
河
霍邱
安风
六安
六安
江淮
肥东
昭关
滁州
全椒
含山
巢湖
和县
江
长
马鞍山
于湖
当涂

合肥
合肥
舒城
霍山
巢湖

两淮地区

大15岁；阿基米德和韩非子只差了7岁。

山东与中原相连，地势平坦，没有任何山川险阻可以据守，所以在秦朝以后，山东历来都是中原政权的一部分。这里有渔盐之利，任何政权在取得了中原以后，都不会忘了把山东收入囊中。也正因如此，在历史上，山东并没什么特别大的战事。相反，在山东的南面——两淮地区，经常是中原和江南拉锯战的战场。

淮河南北，统称两淮。宋朝在这里设淮东、淮西二路，也称两淮。大致范围是，南到长江，北接山东，西连中原这部分。其中淮河到长江这部分称淮南，也称江淮。淮东的形成也是近几千年的事，时间短，还不稳定，沼泽密布，不利于行军打仗，战事主要发生在淮西，淮东同样也有渔盐之利。

在南北两朝对峙时期，江淮地区通常被江南政权占据，而淮北往往被中原政权收入囊中，所以淮河两岸就是南北政权拉锯战的主要战场。

淮北，以徐州为代表；淮南，以寿春为代表。

徐州原称彭城，因上古时这里有个彭国，彭城因此得名。三国时，曹操设徐州，治所设在彭城，这是徐州这个名字第一次和彭城有交集。到唐朝时，彭城就改称徐州了。

徐州虽然地处华北平原，没什么高山险阻，但徐州附近有一些低矮的山丘，依山筑城倒是十分方便。这些山丘不能跟太行山、秦岭相比，但是比一般的城墙还是要高，在阻挡敌人进攻方面，多少还能起一些作用。

白居易的《长相思》里写道："汴水流，泗水流，流到瓜洲古渡头。吴山点点愁。"这几句诗用来形容古时徐州的地形再合适不过。汴水，从荥阳北面的黄河，流经开封（也称汴梁），过商朝故都商丘，然后在徐州这里与泗水汇合。泗水发源于山东，流经鲁国的都城曲阜，过沛县，在徐州收汴水，然后向东南流入淮河。淮河有邗沟与长江相连，从长江南岸的京口（镇江境内），经江南水系，可直达苏州和杭州。瓜洲在扬州境内，是长江北岸的古渡口，"京口瓜洲一水间"指的是扬州和镇江境内的两个渡口隔长江相望。吴山，当然指的是古时吴国一带，也就是现在的江南。这几句诗的总体意思是，通过汴水和泗水，徐州可以向西直达中原古城开封，入黄河，通洛阳；向南，可以直达江南水乡，吴越之间。汴水、泗水，构成了隋朝大运河的南段，从江南一直到开封，最后在洛阳东北方的汜水镇入黄河，与北运河相连，北运河可直达涿郡（北京）。南宋的时候，黄河改道，经汴水夺淮河，汴水泥沙堆积，从此废弃，淮河也从此堵住了出海口。元朝修建京杭大运河，正是在徐州这里沿泗水北上，不再向西以洛阳为中心，有两个原因：一是元朝定都北京，洛阳不再是天下的中心；另一个原因，正是因为黄河改道，大量的泥沙让汴水成了土埂，今天徐州以西的废黄河就是以前的汴水。这条土埂把徐州以西的水系一分为二，北面的水汇积在一起形成了后来的微山湖，也就是铁道游击队出没的地

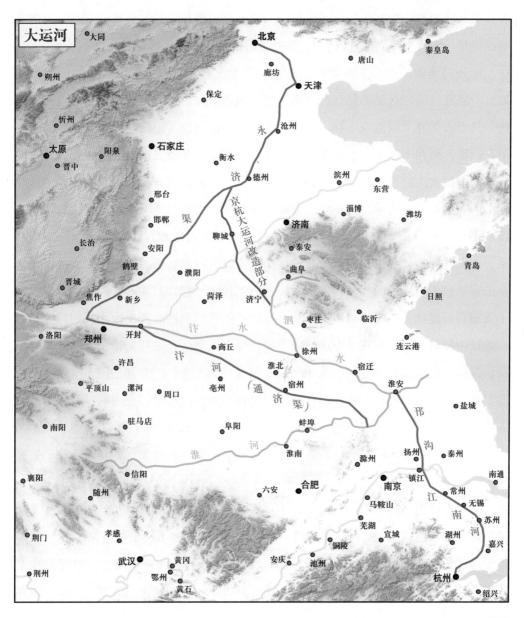

方，微山湖里有芦苇沼泽，便于藏身；南面的水汇积在一起成了洪泽湖，洪泽湖在淮河的下游，淮河没了出海口，大量的水汇积在这里，所以洪泽湖很大，是中国第四大淡水湖。前三名是鄱阳湖、洞庭湖、太湖，都是很早就有，只有洪泽湖是后来形成的。

徐州的北面有个沛县，刘邦起事的时候，一开始就占据了沛县，所以人称沛公。沛公并不是说他有公爵，在战国的时候，楚国最开始设县，县城的长官就叫县公，实际就相当于后来的县令或县长，沛公的意思就是沛县的县长。三国时，陶谦占据徐州（治所下邳，彭城以东），将刘备收留在小沛，小沛就是沛县。

徐州的南面，在今天的宿州市东南，有个大泽乡，这就是陈胜、吴广起义的地方。陈胜、吴广召集的是乌合之众，稍有成就就迫不及待地称王，手下也纷纷效仿，只要占据几个城池也学样子称王，所以死得也很快。但陈胜、吴广起义的意义不在这里，而在于这是中国历史上第一次农民起义。在此之前，农民很松散，隶属于不同的卿大夫的封地，他们只和卿大夫有关系，和国家并没有直接的关系，这样全国的农民被分割成零星的小块，很难组织起来。秦始皇统一全国之后，封建领主没有了，农民直接面向国家交税、服劳役，这样所有的农民都有了统一的服务对象，在暴政的年代，也就有了统一的仇恨对象，所以很容易被组织起来反抗。尤其在国家修建大型工程的时候，这些农民被组织到了一起，只要有人煽动，仇恨的种子就很容易蔓延，最终形成燎原之势。也正是陈胜、吴广的表率作用，刘邦才得以在乱世中趁势而起。刘邦是中国历史上第一个平民皇帝，以往的帝王，都是贵族出身，改朝换代也是贵族之间的战争，和庶民没什么关系。一直到战国，平民才开始参与战争，以前都是贵族在前面作战，平民在后面搞搞后勤。先秦时，最早打仗的人称甲士，或武士，"士"代表的是贵族；到春秋战国时出现了步卒，"卒"就是平民了。再往后，士卒就不分了。先秦时流传下来的象棋，其实很明显，士和卒完全不是一个级别。

刘邦在徐州一带折腾一通之后，毕竟没有根基，始终无法立足，后来投靠了项羽才算有了起色。项羽有江东作后盾，冲出江东后第一件事就是要占领徐州。

徐州这个地方很难守，中原的势力、山东的势力、江南的势力，只要站稳了脚跟，都会来抢徐州。抢下徐州虽然不能定鼎天下，但如果徐州在别人手中，就相当于自己家门的钥匙在别人手上，令人寝食难安。所以我们看到，三国的时候，曹操平定了中原之后，就来抢徐州，兖州的吕布，也来抢徐州，淮南的袁术，也来抢徐州。到最后，即使是像吕布这样的人，也难以守住，实在是惦记这个地方的人太多，而徐州又无险可守。

徐州往南，在淮河的南面，就是寿春。寿春就是现在淮南市的寿县。战国的时候，楚国的都城郢都被秦国攻破，就迁都到了寿春。楚国虽然丢了荆襄地区，但还占据着江东，寿春是进攻中原的桥头堡，江东是大后方。汉朝的时候，这里是淮南王的封地，其中有一任淮南王叫刘安，是刘邦的孙子，召集手下人编了本书叫《淮南子》。胡适说《淮南子》是集道家之大成。当时的皇帝刘彻，也就是汉武帝，是刘安的侄子。汉武帝这时候还没有罢黜百家、独尊儒术，道家正是风头正劲的时候。汉武帝前两任皇帝，尊崇的都是黄老之学，无为而治，所以给汉武帝积攒了很多钱。道家讲淡泊名利，与世无争，但淮南王刘安最后还是造反了，可惜他碰上了汉武帝，最终失败自杀。

淮南顺淮河往东，就是淮阴（2001年更名为淮安市）。汉朝的开国功臣韩信就是出生在这里。韩信一开始被封为楚王，刘邦总担心他造反，后来找了个借口降为淮阴侯。淮阴和淮南其实是一个意思，都在淮河的南岸。中国地处北半球，山的南面和水的北岸都能照到太阳，所以山南水北谓之阳，山北水南谓之阴，所以淮南和淮阴字面上意思是一样的，两地的命运也几乎是一样的。不一样的是，淮南（即寿春）更靠近中原，战事更激烈。淮阴正是大运河与淮河的交汇点，泗水（即大运河）在淮阴注入淮河。春秋的时候，吴国在这里开凿了最早的运河，从淮阴到瓜洲，称为邗沟。古人打仗，水路是最便捷的方式，吴国修邗沟，连泗水，是为了去打山东的齐国。所以淮阴是运河和淮河的交汇点，地理位置十分重要。淮河原本流过淮阴北面，向东注入东海，南宋时黄河夺淮，正是从淮阴这里开始，整个下游都被黄河的泥沙堵了，所以现在淮阴看不到淮河了，但运河还在。

不管是在三国还是在南北两朝对峙的时代，淮河以南通常被江东占有，而淮河以北就被中原占有。南方要防止北方进攻，必须全力守寿春。一旦寿春丢失，北军进入淮南，那么从寿春到庐州（合肥）一带的整个江淮地区都会被北军控制，北军就与南京隔江相望，剩下的就是渡江战役，也不会有什么悬念了。而对于北方来说，南方最有可能从寿春进攻中原，所以也必须死死盯住寿春的军事动向。

说到这里，你大概已经明白了，寿春就是整个中国由北向南进攻的东线。最西线在四川，轻易用不上；中间的襄阳，易守难攻，谁先占着谁得便宜。而寿春，四处无险可守，仅仅北边有条淮河，很容易被突破，在军事上称不上壁垒。所以但凡乱世，寿春一带就是个绞肉机，附近一马平川，双方可以最大限度地在这里投入兵力，附近的城池都是几易其手，今天你抢过去，明天我抢回来，士兵死伤无数，最后谁也没讨到便宜。

对北方来说，襄阳易守难攻，同样近的寿春似乎更好攻。但好攻也意味着不好守。而对南方来说，一般大本营都在南京，如果要进兵中原，襄阳太远，不利调度，只要能守住就行，进攻的最好路线就是寿春，这里不但离南京近，而且还有水，便于运兵，运粮，运攻城器械。南方一旦突破淮河，必北上取徐州，先安定两淮；徐州可向西取中原，向北取山东。项羽就是这么做的，可惜他把四战之地的徐州当首都，忽略了关中、汉中和巴蜀这三个最重要的战略要地。寿春和徐州的东面，河网太密，不利于用兵，尤其是骑兵，难以施展优势。

两淮也是鱼米之乡。在历史上，山东的价值主要是经济价值；而两淮，不仅有经济价值，还有战略价值。尤其对于南方来说，要想北定中原，这里是最好的进攻路线。

第九章　西和诸戎，南征百越

标题中的这几个字的原话是"西和诸戎，南抚夷越"，是《隆中对》里诸葛亮对刘备的战略建议。三国时的西戎指的是西羌，主要是马超家主导的势力，夷指的是西南孟获领导的彝人势力。彝族原称夷族，1949年之后改为彝族。那越呢？当然不在西南，而是在吴楚以南的百越。我把这句话改了两个字，说一说秦国统一天下的事情。

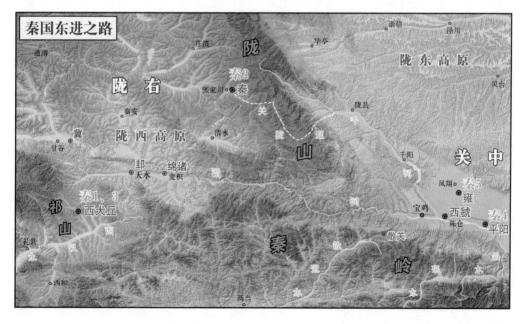

秦国统一中原的故事大家耳熟能详，我就不赘述了，本章来说说我们很少提到的西边和南边的事。

西和诸戎，发生在秦国强大之前；南征百越，发生在秦国统一六国之后。

秦国最早的领土在陇西，也是后来诸葛亮六出祁山的地方。祁山在天水以南，这里产马，秦国最早就是给周王室养马的，后来周王室东迁洛阳，秦国护驾有功，秦襄公被周平王封为伯爵，并负责阻挡西戎进犯中土。秦国就是在平定西戎诸部落中逐步壮大起来的，并收复了周王室丢掉的关中地区。后来秦国就把都城一步步迁到了咸阳。

秦穆公时代，秦国先后两次被晋国打败，一次是崤之战，秦军全军覆没；另一次是两年后的彭衙之战，本来是为了报崤之战的仇，结果又大败。晋国势头正猛，秦国东进受阻，于是调头向西发展。在秦穆公手上，秦国先后灭掉了十几个犬戎部落，一下子从西陲小邦成为大国。

秦国在与戎人的战斗中，不断地兼并融合，秦人混合了戎人的血统，变得野蛮善战。到了战国时代，各诸侯纷纷称王，秦国第一个称王的是秦惠文王，简称秦惠王。秦惠王有个有名的小妾芈八子（芈月的原型，八子就相当于妃子）。

秦惠王在位的时候，做了两件大事。第一件事就是杀了商鞅，因为他在当太子的时候，曾经触犯了禁条，商鞅要树立法律的威信，照惩罚不误，太子记恨在心，上台后找了个时机，说商鞅谋反，把商鞅五马分尸（车裂）。第二件是听从司马错的建议，平定了巴蜀，使秦国有了大后方。

秦惠王死后，芈八子专权，称宣太后（中国历史上第一个称太后的人）。当时秦国最大的敌人不是中原诸侯，而是陇东高原上的义渠国。义渠是个西戎国，曾经向周天子朝贡，周朝式微时就脱离了中央。义渠国最强大的时候，占领了整个河套地区，最南边已经到了渭河。义渠人善战，随时会南下灭掉秦国。秦国头顶上悬着这么个强大的国家，寝食难安，两国也是摩擦不断。秦国一心图谋中原，为了消除后顾之忧，便拉拢义渠王，送美女百名、锦绣千匹，但义渠王根本不为所动，依然攻击秦国。

宣太后为了灭掉义渠，亲身色诱义渠王，召义渠王住在甘泉宫里，好吃好喝伺候着，消磨他的斗志，两人还生了两个孩子。正当义渠王乐不思蜀时，宣太后突然痛下杀手，在甘泉宫里把义渠王给杀掉了，然后发兵攻打义渠，一举灭掉了义渠国。至此，秦国成为名副其实的强国。

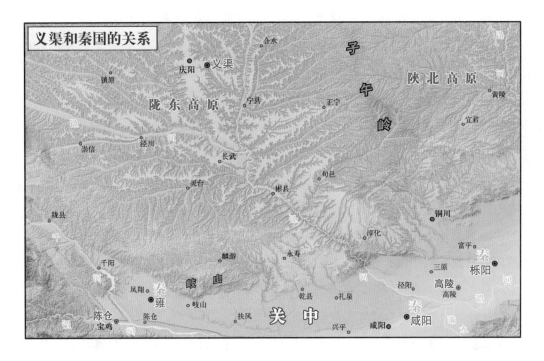

宣太后的儿子秦昭王，是秦国历史上在位时间最长的一位君王。他不但是个战争狂人，而且六亲不认。按理说，宣太后是楚国人，秦昭王是楚怀王的外甥，但这丝毫都没阻止他对楚国痛下杀手。

他先是骗楚怀王来秦国，逼楚怀王割地保命，楚怀王宁死不从，最后郁郁而终，死在了秦国。楚怀王去秦国之前，大夫屈原再三阻拦，没有成功。楚怀王的死激起了楚人极大的愤怒，后来秦末反抗暴秦的时候，打的就是楚怀王的旗号，并说："楚虽三户，亡秦必楚。"项羽拥立楚怀王（熊槐）的孙子（熊心）为王，仍叫楚怀王，就是为了博得楚人的同情，利用楚人对秦人的仇恨。

此后，秦昭王又用白起为将，攻入楚国都城郢，焚烧了楚王的坟墓夷陵（刘备后来被火烧连营的地方，今宜昌）。楚国从此丢掉了荆襄之地，迁都陈丘（原来陈国的都城，今河南淮阳），后又迁都到寿春。郢城被攻破之后，楚国大夫屈原投汨罗江而死。这一天正好是五月初五，就是端午节的来历。

后来，秦昭王重用范雎，并采用范雎的计谋，夺了宣太后的权，采取远交近攻的战略，开始了他南征北战的生涯。秦国的很多大事都发生在秦昭王身上，如完璧归赵、长平之战等。秦昭王是个战争狂人，秦国在他手上打了无数大仗，最厉害的是直接灭掉了周王室，把九鼎迁到了咸阳，从此周朝算是彻底亡了。

秦昭王的重孙子就是秦始皇了。秦始皇统一中原后，派蒙恬领三十万大军北击匈奴，从匈奴手中收回黄河以南地区，然后派了五十万大军南征百越。

百越不是一个民族，而是很多民族的统称，就像中原人称北边的少数民族为胡人一样，称南边的少数民族为百越。百越大致的范围在吴楚以南的山区，主要包括以下几个越人国：于越，即春秋时期的越国，主要活动于浙江省的北部，这里是平原，与中原交流频繁，所以于越是最早被华夏化的越人；浙江南部山区的瓯越国，大致在温州一带，也称东瓯国；福建一带的闽越国；广东一带的南越国；广西一带的西瓯越国；还有越南北部的骆越国。越南最早称交趾，唐朝开始称安南，宋朝的时候，安南脱离中国。清嘉庆年，阮福映统一安南，上书清朝皇帝，想以"南越"为国号，皇帝一看，汉朝时的南越还包含广东、广西啊，这有觊觎我国领土之嫌，不行，便赐"越南"为国号，意思是百越以南。

这只是后来的大致范围，其实像吴楚两国，在发展的过程中，早就融入了越人

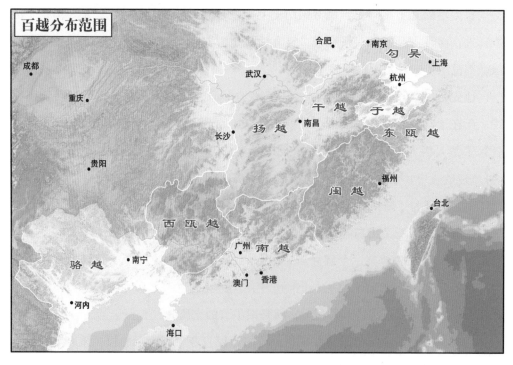

血统。江汉地区以前是扬越的地盘，楚国占据这里后，逐渐与他们融合。《越人歌》就产生在这个时期，这是中国最早的翻译作品，是当时楚国人翻译的越人歌曲，十分传神。

越人歌

今夕何夕兮，搴舟中流①。

今日何日兮，得与王子同舟。

蒙羞被好兮，不訾诟耻②。

心几烦而不绝兮，得知王子③。

山有木兮木有枝，心悦君兮君不知。

【注】①搴（qiān）：拔；搴舟，犹言荡舟。②被（pī）：同"披"，覆盖；訾（zǐ）：说坏话；诟耻：耻辱。③王子：字子皙，春秋时楚共王之子。

这其中吴国和越国统称吴越，两国世相侵伐，又相互融合，习俗也相当，早已不分彼此了。

百越人与华夏族人的血统，比那些东夷、西戎、南蛮、北狄更远，他们有自己的语言和文化。用我们现在的话说，百越人属于不同的种族，他们与东南亚的一些土著更接近，语言也更相似，所以现在这些地方的人要学习东南亚语相对容易，很多词根是相同的。粤语最早能通行东南亚，对于他们来说，也是因为学习粤语更容易些。

这里全是丘陵山区，长期与华夏人隔绝，在秦始皇之前，华夏人从没到过这里，除了勾践的越国，对这里也是一无所知。秦始皇南征主要是解决其他的越人国。秦始皇征百越，分三条路线挺进。第一条向东，从江西越过武夷山，取东边的瓯越和闽越，没费什么力气就拿下了。另两条，从湖南，翻越南岭，分别向广东和广西挺进。这两条进攻路线，屡屡受挫。

南岭也是个统称，由五条大的山岭组成，所以也称五岭。南岭把南方山区的水系一分为二，北边的最终流向长江，南边的流向珠江。秦军要过南岭，山路漫漫，道路曲折，非常难走，粮草运输不便，攻城器械更运不过去，加上当地土著的顽强抵抗，即使是把大军开过去，没有粮草，也坚持不了几天。南征的困难不是因为南岭有多高，而是山区的面积太广，粮草运输困难。在南岭以南，除了珠江口的广州附近有一小块平地外，其他的地方都是山区。之前讲过，运粮草是要用车的，至少

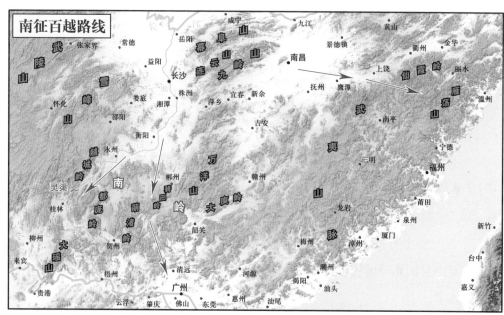

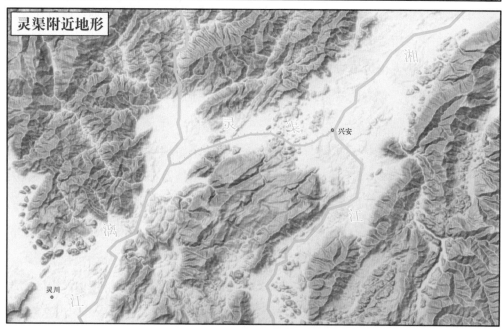

需要一车宽的马路，山路人可以翻过去，但粮车过不去，更别说攻城器械了。秦岭再高，穿过去一百千米就到了平原，南岭不是，过了一百千米的山地，还是一百千米的山地，没有尽头。即便是用人肩挑手扛，粮草也接济不上。所以打广东的南越和广西的西瓯越，很不顺利。后来没办法，秦始皇想到了水路。

秦始皇要从长江流域打到珠江流域，想走水路不容易，两个水系中间隔着南岭，并不相通。好在天无绝人之路，在长江的支流湘江和珠江的支流漓江之间，有个地方离得很近，只有三十千米，这个地方就在广西桂林的兴安县。秦始皇于是派人开挖了一条运河，把湘江和漓江连接起来，这就是灵渠。

兴安县在永州和桂林之间，在唐朝的时候，永州还是个文人流放之地，柳宗元在这里写了《永州八记》，可见在秦朝，这里更是一片蛮荒了。秦始皇征派了大量的劳力，开挖灵渠，打通了长江水系和珠江水系，中原腹地的粮草就源源不断地运送到岭南，秦国很快就征服了南越和西瓯越，置岭南三郡。

桂林郡：广西大部和广东西部，广西简称桂，源自这里，桂林一直作为广西的中心，到1950年南宁才成为首府，取代了桂林的地位。

象郡：广西南部和贵州东部，还有越南北部，这部分是汉化程度最低的地方。

南海郡：广东除茂名和德庆之外的绝大部分地区，治所在番禺，也就是现在的广州。

随着百越被征服，大量的华夏人进入这里，与当地人通婚、融合，百越逐渐华夏化，只有广西一部分越人没有完全汉化，形成了今天的壮族。广东简称"粤"，就是"越"的意思，汉朝时，"粤"与"越"通用，"南越"有时也称"南粤"。粤语，实际上是古汉语吸收了古越语形成的方言，并不像客家话那样是纯正的古汉语。很多人认为，粤语遗留了很多古汉语的词汇，语调也比普通话多一个，有入声，用粤语读诗词更有韵味，是纯正的古汉语。但这种说法只是臆测，事实上不管哪个地方的方言，都会有古汉语的遗存，普通话也不例外，用现代的话读唐诗，不管用哪个地方的方言，绝大部分是押韵的，也有不押韵的，除非用唐朝的官话来读才能真正做到原汁原味。北方人说"知道"，南方人说"晓得"，古汉语里就是"知晓"，谁也不比谁古老，都是一脉相承下来的，因为地域的影响，有所变化。我们用普通话读"关关雎鸠，在河之洲。窈窕淑女，君子好逑"，这是两千多年前的诗歌了，语音早就变了，但仍然押韵。如果说北方人有胡人血统的话，那南方人就有越人的血统。汉族，本身就是一个民族融合的产物，并不是一个单纯的民族，汉族代表的更多的是一种文化。

秦始皇征服百越，中国人才第一次真正看到南海。但好景不长，秦始皇死后，中原各地纷纷独立，百越也一样。浙江南部的东瓯国，福建的闽越国，岭南的南越国也趁机而起。其中南越国最大，以番禺（广州）为据点，相继吞并了原来的桂林和象郡。不过这个时候掌权的已不是原来的越人，而是已经华夏化的越人，像东瓯和闽越，就是勾践的后代；或者就是华夏人，像南越的赵佗，本身就是随秦始皇南征时的军官。不过幸运的是，中原很快就出现了一位更厉害的皇帝，那就是汉武帝，他在位时，又把这些国家一一收入囊中。从此以后，这些地方逐渐被彻底汉化了，即使是在乱世偶尔脱离，也是汉人在掌权，并没有脱离华夏文明中心，不像后来的越南。越南的北部原本是汉人为主，但后来又合并了南部，骆越人（京族的前身）占多数，汉人成了少数民族，也就与中国渐行渐远了。从秦始皇占领这里开始，越南北部就一直属于中国，一直到唐朝。五代十国的时候，中国处于乱世，越南趁机脱离了中国，后来的宋朝要对付北方的辽、金、蒙古等强大的游牧民族政权，无暇南顾，越南就形成了事实上的独立，只是作为中国的属国。一直到法国人

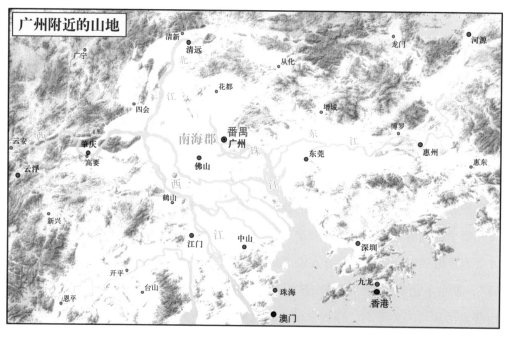

广州附近的山地

在这里殖民，越南放弃了一直使用的汉字，改用拼音文字。

不光是秦始皇时期的移民，后世中原战乱不断，无数的中原汉人为了躲避战争，跑到这里，与当地人通婚、融合，汉化程度进一步加强。不肯融合的一部分，就成了客家人。现在除了广西的壮族外，在这些地方已经看不到百越民族的痕迹。

百越都是山地，没有一个像样的平原，无法出产大量的粮食，所以在农耕时代，这里一直很落后，即使是在中国的分裂时期，这里也是隶属于江南的南方政权，难以形成强有力的割据势力。一直到了近代，西方的海洋文明入侵，这里靠海，才迎来了发展的机遇。

广州作为百越的中心，有一小块平地，也就是珠江三角洲，这里既有珠江的河运之便，又靠海，自然成为这里的中心。两次鸦片战争，都是从这里打起。

中国从唐朝开始，一直到元朝，都是世界的中心。但到了明朝，突然就闭关锁国，实行海禁政策。明朝仅仅是郑和的几次下西洋，但那也只是维持官方的朝贡体制，民间的海上贸易是绝对禁止的。这个时候正是西方大航海时期，靠着海上贸易，西方一个个弹丸之地都成了海洋大国，把殖民者的旗子插遍了全球。而中国，还躺在自己五千年的文明成果里睡大觉呢！

这个传统被清朝继承下来，以至于西洋人第一次来中国做生意，清政府不干，觉得我天朝上国，什么都不缺，和你蛮夷做什么生意？但英国人不理解，英国是个资本主义国家，资本主义也就是市场经济，就像我们现在的小商品需要出口一样，否则生产过剩工人要下岗，当时英国也一样，需要打开中国这个市场，所以矛盾产生了。

当时中国人与外国人不能直接做生意，清政府设立了"广东十三行"，所有的对外贸易，只能通过这十三家商行中转。也就是说，"十三行"垄断了所有的对外贸易。鸦片战争一开始，英国人烧了十三行，又对香港岛实施殖民统治，把贸易中心放到那里。英国人还逼迫清政府放开广州、厦门、福州、宁波、上海为通商口岸，即五口通商。英国人要求，在这些通商口岸里，他们可以和中国人自由做生意，不经过"十三行"。

第二次鸦片战争的损失就更大了，这次不仅是英国，而是英法联军。英国继续要求开放港口，这次深入内地，长江沿线的城市成为通商口岸，如武汉、南京。

然后，英法联军放火烧了圆明园。但最大的损失不是这些，而是俄国趁火打劫。

俄国先是通过《瑷珲条约》割占了黑龙江以北、外兴安岭以南的约六十万平方千米的土地。然后又以《北京条约》，将乌苏里江以东四十万平方千米的土地划归俄国。同时，又强迫清政府签订《勘分西北界约记》，割占巴尔喀什湖以东和以南四十四万平方千米的土地。俄国不费一兵一卒，成为第二次鸦片战争期间最大的获利者。

第二次鸦片战争对咸丰皇帝打击很大，他跑到了热河（承德），病死在那里，慈禧趁机掌了权。

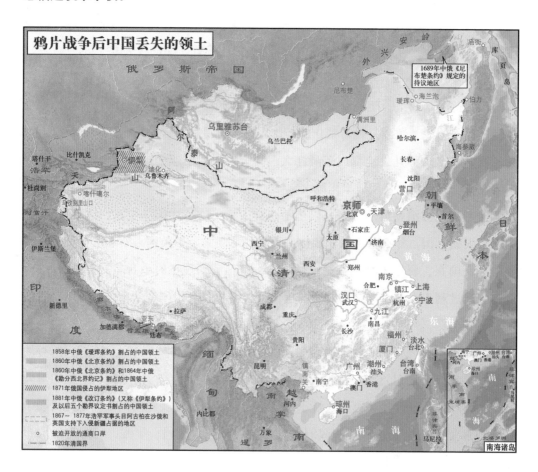

经过这几次战争，清廷丧权辱国，权威扫地，但南方沿海城市迅速发展起来了，从广州到上海，再到天津，沿海港口城市一片欣欣向荣。与此同时，革命的火种也在这些地方蔓延开来。孙中山先后十余次的革命，都是选择在广州起事，是因为这里最先接受西方文明，比较开化，也因为离政治中心远，清廷的威权在这里没那么强。孙中山的革命思想，完全是从西方来的，对于传统的中国人来说，就是大逆不道。相比之下，梁启超最多也就接受个君主立宪，不要皇帝的共和制对很多中国读书人来说，也不可想象。孙中山恰恰是个较早接受西方式教育的人，广州也几乎是个化外之地，所以这里最能接受他的思想，并有人响应他的革命行动。

从三千多年前的周朝开始，到15世纪的明朝，人类处于农业文明时代，中国以农业立国，领先全世界。公元元年前后，中国进入辉煌的汉帝国时期，西方同时进入罗马帝国时期，两大帝国正好处于欧亚大陆的东西两端；公元5世纪前后，罗马帝国在北方游牧民族的入侵下灭亡，欧洲从此进入漫长黑暗的中世纪长达一千多年，而与此同时，中国在五胡十六国的冲击下，差一点也被灭了，不过我们扛过来了，而且进入更加辉煌的唐宋文明，那时候，中国的文化、制度堪称完美，让全世界艳羡不已。到了近代，当欧洲觉醒的时候，我们这个古老的帝国却睡着了，以至于当英国使者第一次来见乾隆皇帝之时，乾隆还以为人家是来朝贡的。甚至我们打输了的时候，心里还奇怪：咦，这些人怎么不是来抢东西的？不想入主中原，就想搞贸易？那时候，中国人一直以为自己居于天下的中心，四周都是蛮夷，就像在周朝时一样，这些蛮夷之邦，不听话就讨伐他，听话就好好来朝贡，中国也从没想到和他们平起平坐，直到西方人的坚船利炮打醒了我们，我们才知道，哦，原来世界这么大，中国居然这么落后！

这个道理同样适合中国的南方和北方，在中国漫长的历史中，在清朝以前，从上海到广州的沿海，都是落后不开化的蛮荒之地，还经常是流放犯人的地方。以前是靠近平原产粮区的地方富有，现在是靠海的地方商业发达。但经济只是一方面，会随着周围环境的变化而变化，而文化底蕴却不是一朝一夕可以建立起来的。

第十章　随风直到夜郎西

有一句话形容贵州的地形："天无三日晴，地无三尺平"。什么意思呢？贵州这个地方处于云贵高原的东部，地表破碎，道路崎岖，山高水深，沟壑纵横。在这里，基本上找不到一块哪怕是像样点的平地。天气也不好，山谷中水汽蒸腾，四处弥漫着云雾，省会"贵阳"这个名字就是这里很难见到太阳的意思。我们知道云南称为彩云之南，昆明被称为春城，四季如春，天气很好，为什么同处云贵高原的两个地方会有这么大的差异？这是因为贵州地处云贵高原的东端，在一个斜坡上，从东南方向来的暖湿气流到了这里被逐步抬升，形成云雾；而云南，已经到了云贵高原的顶端，四周敞亮，所以云南的天很晴朗，紫外线也强。

云贵两地，是最晚与中原相通的地方。一直到汉朝汉武帝时期，中原的人才知道这里有个夜郎国。

怎么发现的呢？说起来很有意思。

上一章讲百越的时候，提到过武帝征讨南越的事。武帝打南越（广东、广西）之前，派了个使者唐蒙出使南越。这个唐蒙到南越之后，发现当地人喜欢吃枸酱（jǔ jiàng，一种果酱）。枸酱是蜀地的特产，汉朝时是禁止出口的，蜀地与南越隔着千山万水，道路不通，这东西怎么就到了南越呢？于是唐蒙就问番禺（广州）人，这东西哪来的呀？有人告诉他，这东西是从夜郎国来的。唐蒙大概了解了一番，于是上书武帝说，打南越可从巴蜀取道夜郎。

夜郎在什么地方呢？就在贵州的关岭，也就是黄果树瀑布这个位置。在贵州，像黄果树瀑布这样的景观很多，只不过黄果树比较有代表性，可以想象这里的地形有多复杂，路有多难走。夜郎的北面，从六盘水到贵阳一带是个分水岭，就是苗岭，苗岭的北面是乌江、赤水，属于长江水系，南面是北盘江、南盘江，属于珠江水系。夜郎国在北盘江附近，与长江水系不通，又隔着崇山峻岭，所以几百年来，中原华夏一直不知道它的存在，但其实它早在战国时就有了。

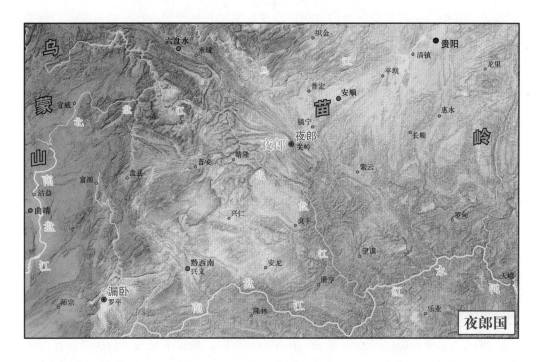

北盘江属于珠江水系，南越国在珠江的下游，有水路相通。珠江是个统称，包含东江、北江和西江，其中西江最长，从广东往西，一直到贵州（上游叫红水河），靠北有漓江汇入（通过灵渠与湘江相连），靠南有左、右江汇入（邓小平百色起义的地方），最西，就是发源于云贵高原的北盘江、南盘江。所以，从夜郎可以走水路，一直到南越的番禺（广州）。夜郎国的贸易伙伴主要就是南越，对北面的事务一无所知。而这个时期，南越国也独立没多久，与中原不通。所以当汉武帝派唐蒙出使夜郎的时候，夜郎王多同说了一句话："汉与我孰大？"这就是夜郎自大这个成语的出处。

这里有个小问题，既然夜郎国和汉朝对彼此一无所知，那么枸酱是怎么到的夜郎，然后又到达南越的？这个其实不难解释，商人的双足永远比政治家勤快，民间的交往也往往快于政府之间的往来。

汉武帝派唐蒙出使夜郎，一方面是借道，另一方面想利用夜郎的力量牵制南越国。借道就是从巴蜀发兵，借夜郎的水路，直达南越；另外，据说夜郎有十万精兵，可以借助它的兵力压制南越。

唐蒙到了夜郎，送了很多礼物，进行招抚，并在这个地方设郡县，同时向多同承诺，让他儿子当县令。多同心想，反正汉朝离我远着呢，有好处在眼前，就先答应了。后来汉朝征讨南越的时候，多次要求夜郎国出兵配合。这夜郎王就奇怪了，心想咱不是友好吗，怎么老要我听你的，汉朝和夜郎到底谁大呀？这句话传出来，就成了千年笑柄。实际上，在西南地区，夜郎国确实很大，最鼎盛的时候，幅员约占贵州的四分之三（五十四县）、云南的三分之一（二十一县）、四川邻贵州边界的六个县和广西西北边境的部分县。贵州除东部部分县以外，基本上全覆盖。夜郎国从战国时期就一直存在，如果不是秦始皇统一了中国，夜郎国比很多诸侯国都大，也难怪人家会自大。而且在贵州这种山区里，能练出十万精兵，也说明夜郎国的国力很强。当时在夜郎国的周边，还有很多名不见经传的小国，夜郎的确是当地的老大。其实，第一个说"汉与我孰大"这句话的并不是夜郎，而是滇国（今昆明一带），因为夜郎在西南影响力最大，所以这句话就流传得广，我们才有了"夜郎自大"这个成语。

夜郎王多同答应了汉朝的要求，并非心甘情愿，只是不想与汉朝为敌。在汉武帝征南越的时候，夜郎并不听从调遣。等汉武帝征服了南越，腾出手来，就开始征服西南了。夜郎国的大部分土地被设了郡县，但仍保留了夜郎国的国号，并封王爵（之前的王是自封的），手下的各部族首领也都有册封。夜郎王这时才入朝纳贡。一直到西汉末年，夜郎王反汉，牂牁（zāng kē）太守陈立杀夜郎王，夜郎国灭，改设郡县，夜郎国从此就不复存在了。

夜郎国消失后，在中国的西南先后有好几个地方都叫过夜郎，最有名的是李白的那句"我寄愁心与明月，随风直到夜郎西"。这个夜郎指的是现湖南省怀化市的新晃县，汉代在这里设过夜郎县。

这个夜郎和夜郎国有什么关系呢？

新晃在无水（潕水）边，无水是沅水（沅江）的支流，沅水直入洞庭湖，洞庭湖连着长江。如果这个地方就是古夜郎国，那么在楚国强大的时候，通过水路，其势力到达这里很容易，不会让它一直存活到汉朝。即使楚国没留意这个地方，那秦始皇统一中国的时候，也不会让这里还留有一个独立的国家。只能说，从新晃这里，沿无水而上，能到达夜郎，对中原人来说，新晃是通往夜郎的要道，所以他们把这里也叫夜郎（古人对地理位置的认识很模糊）。自古以来，从中原进入夜郎只有两条路，一条是从新晃这里，沿水路，可以到达黔东贵阳一带；另一条是汉武帝这次南征新开辟的，从关中下巴蜀，翻越泸州南部的大山，也就是沿赤水河谷而上，进入黔西（毕节）。

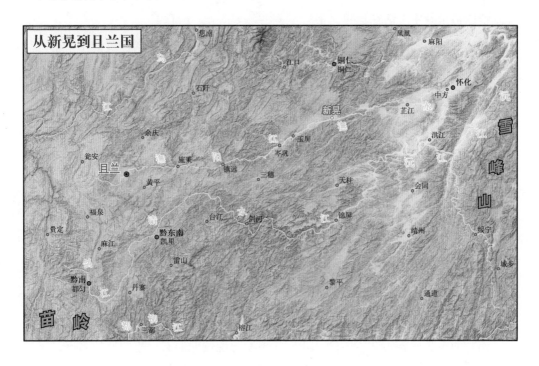

夜郎国是个多民族的国家，古称百濮。百濮，也叫西南夷，是对西南地区少数民族的统称，类似于百越是对岭南少数民族的统称一样，其实内部包含了很多个民族，像仡（gē）佬（lǎo）族、侗族、苗族、布依族等。

仡佬族应该是贵州本地最古老的民族，据说夜郎国的主体民族就是仡佬族。仡佬族有自己的语言，语言词汇与布依族有一定相似性，但语法结构与苗族相似，这种情况很可能是因为仡佬族与苗族、布依族长达两千年的交流融合的结果。

侗族其实是一个族群，这个族群的先祖喜欢住在洞里头，所以叫侗族（取谐音）。民族这个概念其实是20世纪才有的事，以前的人就是物以类聚，人以群分，时间长了，就形成了一个族群，就像华夏、东夷、九黎，或者东夷西戎南蛮北狄，很难用现代的民族或血统去区分。

布依族其实不属于百濮，而是百越的一支。百越人发明了水稻种植，所以布依族也最早学会了种水稻，被称为"水稻民族"。壮族也是百越的一支，所以布依族和壮族是近亲，语言也相近。布依族很早就在贵州一带生活，这说明百越和百濮很早就在融合。我们有些古书里经常把这两个称呼混用，可见它们之间确实有很多相同的地方。

苗族最早并不生活在这里。

苗族的祖先是九黎，他们有个有名的首领叫蚩尤，最早生活在黄河中下游，与华夏、东夷形成当时中原的三大族群。蚩尤与黄帝争霸，战败身死，族人一部分融入华夏，一部分南逃到江汉一带，建立了三苗国。三苗后来在与楚人的战斗中，又失败了，一部分融入楚国（楚国不光融入了三苗，还有百越、百濮等，所以楚国被称为南蛮是有原因的，楚文化和中原的华夏文化有那么大的差别也是这个原因）；另一部分三苗人继续南逃，进入云贵高原，形成了今天的苗族。所以今天的苗族主要分布在湘西和云贵。

夜郎国虽说是一个国，但与中原的诸侯国不一样，因为这里地表破碎，交通艰难，所谓的夜郎国实际上是个部落联盟，各部族相对独立，也能独立发展，所以形成了今天贵州众多的少数民族，如果是在平原地区，这些民族早就融合得不分彼此了。云南的少数民族众多也是这个道理。

南方的少数民族与北方不同，我们几乎没听说过他们有侵略中原的劣迹。倒是北方的游牧民族，每隔一段时间就要南下骚扰一下，抢点粮食和人口。这是因为南方的少数民族和北方的游牧民族不同，其实他们和汉人一样，主要以耕种为生，农耕文明的特点就是对土地有依赖性，不能到处流动，没有侵略性。虽然这里耕地少，但也能养活人，没必要冒着生命危险出去抢。北方就不同，游牧民族一到冬天，别说牛羊没草吃了，连人也缺吃的，为了活命，只能出去抢。

在早期，虽然中央政府在这里设置了郡县，主体还是少数民族。一直到魏晋的时候，中原地区连年战乱，大量的汉人才涌入这个地方。后世只要一逢战乱，大量的四川、湖广一带的汉人，为了躲避战争，就会跑到这里。再加上历朝历代中央不停地往这里派驻官员和军队。直到今天，这里才形成了汉人占多数的格局。

其实在夜郎国出现之前，这里曾经有一个牂牁国，所以汉武帝后来在这里设置牂牁郡。牂牁的名称来源于苗岭北部的一条大江，也就是牂牁江。牂牁江后来改名为黔江。黔江是贵州境内最大的河流，也是长江上游南岸最大的支流。从黔江可以直通中原，所以贵州也简称黔。黔是黑的意思，后来蒙古人到此，把汉语翻译成蒙语，等后来再翻译回来的时候，黑就成了乌，于是黔江成了乌江。这个乌江和项羽自杀的乌江没有关系，倒是和涪陵的乌江榨菜有关系。

夜郎国之后，贵州这个地方一直没有太大的变动，也因为地表破碎、山高水远，即使在战乱时期，也没形成强有力的地方割据；三国时这里属于蜀汉，诸葛亮七擒孟获，平定南中（南中就包括云南和贵州）后，并没有往这里派驻官员，而是让当地少数民族自治；一直到元朝这里还实行土司制度。中原王朝对这里的统治其实一直很薄弱，基本就靠当地少数民族首领自治，地方政府就抽点税，别的事也不管。一直到民国，这里还是中央控制最薄弱的地方，所以当时的红军战略转移才会经过这里，在遵义开了个会，接着是四渡赤水，瓦解了国民党的围追堵截。毛泽东有首《七律·长征》：

> 红军不怕远征难，万水千山只等闲。
> 五岭逶迤腾细浪，乌蒙磅礴走泥丸。
> 金沙水拍云崖暖，大渡桥横铁索寒。
> 更喜岷山千里雪，三军过后尽开颜。

中间两句"五岭逶迤腾细浪，乌蒙磅礴走泥丸"，乌蒙山就是贵州和云南之间的界山，翻过乌蒙山就是云南了。要知道云贵高原的山可不是平原地区的山，云贵高原本身就是山区，这里的山都是山中之山，要翻过去很不容易。五岭呢，就是大庾岭、骑田岭、都庞岭、萌渚岭、越城岭，也就是我们熟知的南岭。南岭把湖南、江西和两广隔断，秦始皇一开始征百越时，想翻过南岭去打，结果失败了，后来修

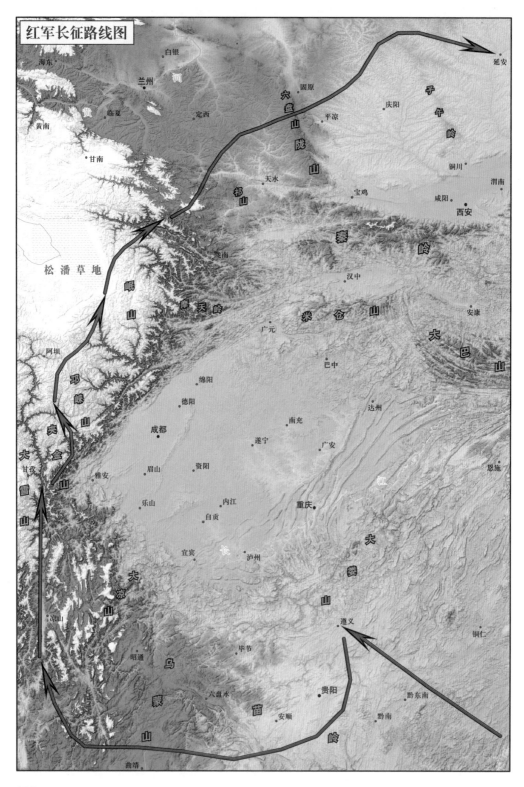

红军长征路线图

海东
白银
兰州
临夏
黄南
定西
甘南
陇南
松潘草地
岷山
邛崃山
阿坝
夹金山
大雪山
甘孜
雅安
眉山
乐山
凉山
大凉山
昭通
毕节
六盘水
安顺
曲靖

河
六盘山
固原
陇山
天水
宝鸡
都山
摩天岭
汉中
米仓山
广元
绵阳
德阳
成都
资阳
内江
自贡
宜宾
泸州
乌蒙山
苗岭
贵阳
黔南
平凉
庆阳
秦岭
巴中
南充
遂宁
广安
重庆
长江
大娄山
遵义
黔东南

子午岭
延安
铜川
渭南
咸阳
西安
安康
大巴山
达州
恩施
铜仁

144

了灵渠走水路才成功。所以要翻越南岭（五岭）绝非易事。可在毛泽东的眼里，五岭绵延起伏的山脉就是细浪，乌蒙山也不过像个泥丸。这种霸气，确实非同一般。

《长征》这首诗简直就是一幅地图，把长征的路线说得一清二楚：瑞金和井冈山都在五岭边缘上，红军从这里出发，一路翻山越岭，来到了贵州；在贵州遵义开了个重要的会，确定了毛泽东的领导地位；然后向西，过了乌蒙山，就到了金沙江；金沙江是长江的上游，过了金沙江就从云贵高原进入了横断山脉；穿过横断山脉，翻过大雪山，眼前就是大渡河；大渡河就在四川盆地入藏的康定地区；穿过大渡河，又是连绵不绝的雪山：夹金山、邛崃山、岷山，这里常年积雪，非常寒冷；岷山是岷江的发源地，是青藏高原的东端；岷山的西边是一片沼泽地，或者叫草地（松潘草地）；过了草地，千辛万苦到了陇西；陇西和陕北之间还隔着一座陇山，也叫六盘山；过了六盘山，就是陕北根据地，延安已经遥遥在望，这时，毛泽东写下了一首词《清平乐·六盘山》：

> 天高云淡，
>
> 望断南飞雁。
>
> 不到长城非好汉，
>
> 屈指行程二万。
>
> 六盘山上高峰，
>
> 红旗漫卷西风。
>
> 今日长缨在手，
>
> 何时缚住苍龙？

长征走过的路，都是人迹罕至的地方。特别是翻过青藏高原这一段，一不留神就会全军覆没。在此之前，只有蒙古人攻打云南时走过，但那是从北往南，而且是骑兵，还有后勤保障，情形还不太一样。清朝时太平天国的石达开走过，结果全军覆没。红军到了贵州后，原本打算回湘西与二、六军团会合，在毛泽东的建议下，没有回去，继续向西。当时国民党预料红军可能要回湘西，已经调集了重兵准备将红军一网打尽。结果毛泽东高瞻远瞩，避免了红军的灭亡。然后，在遵义会议上，确定了他的军事领导权，这才有了后来的二万五千里长征。普通人的想法，过大渡河，翻大雪山，几乎等同于死路一条，即使是当年蒙古铁骑，也损失惨重，也只有毛泽东敢出此奇招，而且还真杀出了一条血路，大雪山上国民党的飞机都飞不上去，红军因此躲过了围追堵截，虽然死了很多人，但留下来的，都是精英，星星之火，可以燎原。遵义会议，确定了毛泽东的领导地位，也改变了中国的历史。

　　整个贵州省几乎全是山地，交通不便，信息闭塞，所以一直以来，这里的发展总是落后于中原地区。一直到今天，在这里修路，难度也是超乎想象。但正因为如此，这里的很多东西没有遭到破坏，历朝历代留下了很多遗迹，还有很多古村落，都保存得很完好。

第十一章　从南诏到大理

　　云南的地形和贵州相似，到处是山，平地不多，但有两个大湖，一个是滇池，一个是洱海。人类都是逐水而居的，在这两个大湖的边上，先后出现过两个古国，一个是滇国，一个是大理。

　　滇国的建立，和楚国有关。战国的时候，楚国想把西南纳入自己的势力范围，

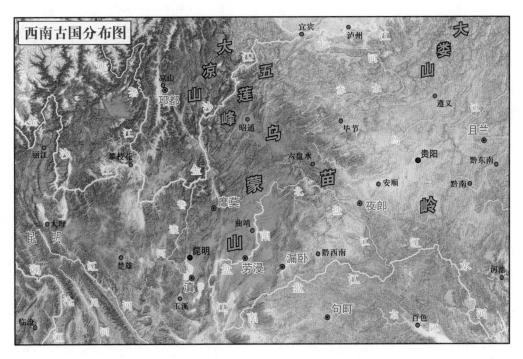

西南古国分布图

就派了一员大将庄蹻去征讨，以对秦国的巴蜀形成高压势态。庄蹻沿着沅水而上，先打败且兰国（贵州黄平），后征服夜郎，一直打到滇池附近。可就在这个时候，秦国攻占了楚国的黔中郡（今湖南沅陵一带，沅江在其境内），这下可坏了事，庄蹻回不去了。

庄蹻回不了楚国，就干脆入乡随俗，学当地人的语言，穿当地人的衣服，在滇池附近建立了一个国家，这就是滇国。

几十年后，秦国统一了中国，秦始皇派兵攻打滇国，滇国投降。秦国修了一条道路从蜀郡直通滇池，路宽五尺，所以称五尺道（秦国的标准驰道宽五十步，五尺道是标准驰道的十分之一，原因就在于这里修路太难了）。可是没多久，秦国就完了，滇国又独立称王。一直到汉武帝（又是汉武帝，从南到北开疆拓土都有他的身影）出现，滇国又出现在人们的视野里。汉武帝想打通到印度的通道，拓宽了五尺道，先灭了劳浸、靡莫两国，然后到了滇国。滇国主动投降。和夜郎一样，汉武帝在这里设置了郡县，但仍保留着滇王的称号，让他继续统治自己的臣民。这种封王不过是权宜之计，时间一长，领土逐渐被瓦解，大量的汉人进来同化，慢慢地，滇国也就消失了，成了汉朝的一个郡县。

三国的时候，蜀汉刚刚被东吴打败，丢了荆州，以孟获为首的南中四郡趁机造反，诸葛亮为了解决后顾之忧，亲自领兵南征。诸葛亮在《出师表》里说："五月渡泸，深入不毛。"泸水就是金沙江，不是现在怒江边上的那个泸水市，宋朝的时候这段水里产金沙，所以改叫金沙江。金沙江是长江的上游，古人曾一度认为，岷江是长江的上游，金沙江是长江的支流，明代徐霞客考察后才确定金沙江是长江的上游。孟获的老家就在滇池一带，这时滇国已经不存在了，整个云南各部都尊孟获为老大。诸葛亮率兵一直打到滇池（现昆明附近），平定了南中四郡（包含云贵）。对中原人来说，这里很落后，道路不通，不文明，不开化，山川阻隔，瘴气丛生，所以说是不毛之地。

滇国最早虽然是楚国人建立的，但主体民族还是西南地区的百濮。后来百濮中出现了一个族群，叫昆明。昆明人最早生活在洱海附近，唐宋时期，乌蛮、白蛮兴起，先后在洱海一带建立了南诏国、大理国，昆明人的老家被占了，只好迁移到滇池一带。元朝灭了大理国，在滇池附近设置"昆明千户所"，昆明就变成了一个地名。昆明，或者说滇池，最早是云南的中心，从唐朝开始，云南的中心就转到了大理一带，直到元朝时才又回归到昆明。

三国以后，是魏晋南北朝，中原地区一通乱打，边疆地区趁机割据一方。到唐初的时候，洱海附近小国林立，其中有六个国家实力较强，称为六诏。这六诏中，有五个诏投靠了吐蕃，只有最南边巍山的一个诏和唐朝亲近，这就是南诏。南诏最终在唐朝的支持下，吞并了另五诏，统一了洱海地区。

统一了洱海地区的是第四代南诏王皮逻阁，他把首都从巍山迁到了太和城（今大理太和村），到了第五代南诏王阁罗凤时期，南诏达到历史的鼎盛。

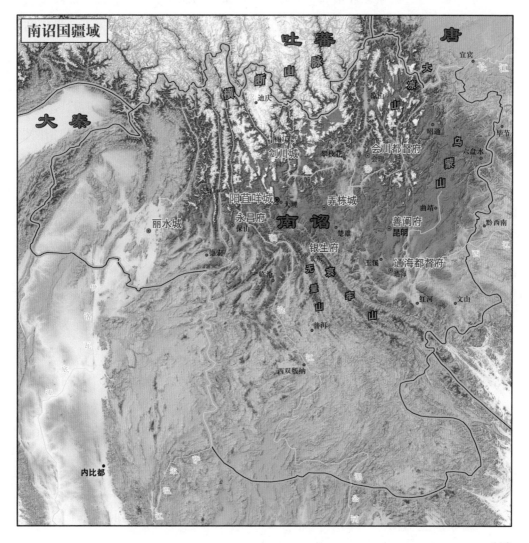

南诏国在唐朝的支持下逐渐壮大。但它与唐朝的关系时好时坏。

阁罗凤是跟随父亲参加过吞并五诏的战斗的，分得清利害，在他的心里，并不想反唐。但这事架不住地方官的胡来。有一年，阁罗凤带着妻子女儿去成都拜见益州长史、剑南节度使鲜于仲通，路过云南郡（今姚安）的时候，云南郡太守张虔陀是个贪财好色之徒，不仅索要财物，还调戏了阁罗凤的妻女。这下阁罗凤不干了，一不做，二不休，杀了张虔陀，占领了云南郡。

堂堂的边关太守被杀，朝廷什么反应呢？当时唐朝皇帝是李隆基，杨贵妃正得宠，杨国忠掌了权，这些人凑在一起，就一个字：打！

阁罗凤一看，赶紧谢罪请和，并且说，如果不同意求和，他只好投靠吐蕃了。鲜于仲通根本不理，带了六万人，打到了西洱河，兵临太和城，结果万万没想到，六万军队全军覆没。

一直作为唐朝属国的南诏国，这个时候，不得已投靠了吐蕃。

过了三年，著名的大将李宓带领七万人，打到太和城，又是全军覆没，李宓投洱海自杀。这一仗发生在唐朝天宝年间，所以称天宝战争。在这一战中，南诏国带兵的大将军姓段，因为这次战争立下赫赫战功，被阁罗凤擢升为清平官（相当于宰相）。这位段姓将军有个六世孙，叫段思平，他后来创建了大理国。

连续两次大败，唐朝还想派兵，可惜碰上了安史之乱，自顾不暇。阁罗凤虽然打了胜仗，心里却并不好受，他在太和城中立了一块"德化碑"，表示叛唐出于不得已。他还对臣属说，后世可能又要归唐，到时候把这碑指给唐朝使者看，好让他们明白我的本心。阁罗凤还收拾唐朝士兵的尸体，造了"万人冢"，供后人祭拜。

阁罗凤是一位有远见卓识的君王，他知道和吐蕃的联盟只是不得已而为之的权宜之计，南诏最终还是要依靠唐朝。阁罗凤死之后，他的孙子继位（儿子早死），把都城从太和迁到了大理。这时唐朝也结束了安史之乱，开始腾出手来对南诏用兵，这一次大破南诏，使南诏和吐蕃损失超过十万人。吐蕃很生气，把失败的原因归为南诏，还给南诏的封号降了级，以前是兄弟之国，现在改为臣属之国。不但如此，吐蕃还对南诏进行百般盘剥，收税，征兵，无所不用其极。南诏忍无可忍，最终还是归附唐朝，向唐朝纳贡称臣。两国过了一段蜜月期。

但好景不长，南诏发现，经过安史之乱的唐朝，已经不是以前的那个唐朝了，于是趁机大肆扩张地盘。先是向北攻占成都，失败，求和。接着向东攻占安南（越南）。攻打安南看似小事，却引发了两个不可逆转的后果：一是唐朝的灭亡，二是安南永远地脱离了中国。

先说第一个结果。成都离关中近，也是唐王朝的粮仓，有重兵把守，就算从关中派兵过来也很快，南诏想占领几乎不可能。但安南，远在岭南以南，为了平定安南，唐朝不得不招募大量的士兵派往南方，桂林是中土与岭南的连接点，是平定安南的一个重要据点。有一支军队，是从徐州招募来的，就驻守在桂林。这些从徐州招来的士兵，远赴南方，本来是有期限的，三年一换。好不容易过了三年，士兵都盼着回家过年，结果因战事吃紧，桂林守将把期限无限期延长，最后引发了兵变。正是这次兵变，揭开了唐末各种反抗朝廷的序幕，各地的叛乱一时风起云涌，其中有一支就是黄巢。农民造反加上各种兵变，唐朝奄奄一息，最后终于寿终正寝。宋代史学家宋祁说过一句话："唐亡于黄巢而祸始于桂林！"而桂林之祸，正是因南诏而起。

至于安南，从秦朝开始，就一直属于中国的版图。南诏攻占安南，使安南脱离了中央，虽然唐朝也一度收复了安南，但紧接着的五代十国，中国进入大乱世，各地纷纷脱离中央独立，安南也不例外。然后是宋朝，一开始就丢掉了燕云十六州，也失去了长城作为屏障，把主要精力放在北部防线，无暇南顾。等蒙古人想收复的时候，人家已经独立了几百年，子孙都换了好几代，中国在他们眼中成了侵略者，其难度就可想而知了。就这样，安南永远地脱离了中国，当中央王朝再次强大时，它也仅仅是作为属国纳贡称臣，中原王朝再也没能将它纳入自己的版图。

经过与唐朝连年的战争，南诏的国力也迅速衰弱。到了末期，南诏为了对付唐朝，连十五岁以下的孩子也征召入伍。由此可见，南诏也到了穷途末路的地步。

终于，公元902年（唐昭宗天复二年），南诏宰相郑买嗣（汉人）杀了末代南诏王，建立大长和国，南诏国灭。

南诏国灭亡后，仅仅过了五年，唐朝也灭亡了。南诏因唐朝而兴，也因唐朝而亡。

我们知道，以唐朝的强大，要收复南诏并不难，但为什么让它独立存在了一百多年呢？

自古以来，中原王朝的主要敌人就是北方的游牧民族，到了唐朝，主要就是突厥，还有回鹘，高句丽。这些都是北方的少数民族，唐朝当然不敢掉以轻心。但这个时候，西边又兴起了一个吐蕃，让唐朝很是头疼。在中国的历史上，青藏高原一直默默无闻，但在唐朝时突然出现了一位松赞干布，统一了吐蕃各部，吐蕃突然变得十分强大。吐蕃从高原上下来，第一个目标就是抢占河西走廊。河西走廊是唐帝国通往西域（新疆）的通道，如果河西走廊丢了，西域也保不住。所以唐王朝没有收复南诏，就是想在吐蕃的南方安置一个敌人，以牵制吐蕃。如果没有南诏，唐朝就会面临和吐蕃两线作战的境地，还要对付北方的游牧民族，十分被动。与其这样，倒不如在南方扶持一个地方势力，以牵制吐蕃，自己好专心守护河西走廊。毕竟云南偏远，而河西走廊离长安近，如果吐蕃占领了河西走廊，不但西域不保，长安也面临危险。

南诏国灭亡后，先后被三个短命小朝廷取代：大长和国、大天兴国和大义宁国。基本上都是部下杀了上级，取而代之，然后又被部下杀了取代，存在的时间都很短。一直到段思平出现，灭了大义宁国，建立了大理国。

大理国在段氏的治理下，开始进入正常发展轨道，逐步兴盛起来。

这个时候，中原的宋朝建立了。和南诏不一样，大理一开始就和宋朝结好，一直到灭亡，都没和宋朝翻过脸。南诏国比较强悍，经常和大唐打仗，大理国继承了南诏国的很多东西，但总体给人的感觉很平和。这可能和他们信仰佛教有关，大理国的老皇帝退位，基本都是去庙里当和尚。他们的科举也很有意思，应试的不是普通的读书人，而是读书的和尚，称为"释儒"（"儒、释、道"就差道了），官员也基本上从释儒里选拔。

与大理国一同兴起的除了皇家段氏外，还有几个重要的家族一直在左右着大理的政局：董氏、杨氏、高氏。

段思平死后，他把位子传给了儿子段思英。但他这个儿子荒淫无度，段思平的弟弟段思良看不下去了，就说"子不肖，叔来教"，把段思平的儿子废了，让他去当和尚，自己当了大理国皇帝。荒淫无度只是个托词，实际情况是，段思英是想重用他母亲杨氏家族的人，段思良就联合董氏把他赶下台了。段思良在建立大理国的过程中也立下了不少功劳，和董氏关系密切，如果杨氏把政，对他，对董氏都不是好事。从这时开始，大理国的皇位由段思平转到了段思良这一支。也因为这个，这两支段氏经常为争夺皇位发生摩擦。

段思良这一支传了八代帝王，也出现了一个荒淫无度的皇帝，结果也被废掉，奉段思平的玄孙为帝，皇位又回到了段思平这一支。在这次政变中，高氏有拥立之功，从此高氏在大理权倾朝野，压掉了董氏的风头。

那么杨氏呢，一再被打压，终于铤而走险，起兵造反。杨氏第一次造反，段氏已无力平叛，请高氏出兵，高氏平叛有功，权力更大；第二次，杨氏杀了段廉义，自立为帝，又是高氏出面，杀了杨氏，拥立段廉义的侄子段寿辉为帝。从这个时候开始，大理国实际掌握在高氏手中，段氏成了傀儡。过了一段时间，高氏觉得这样

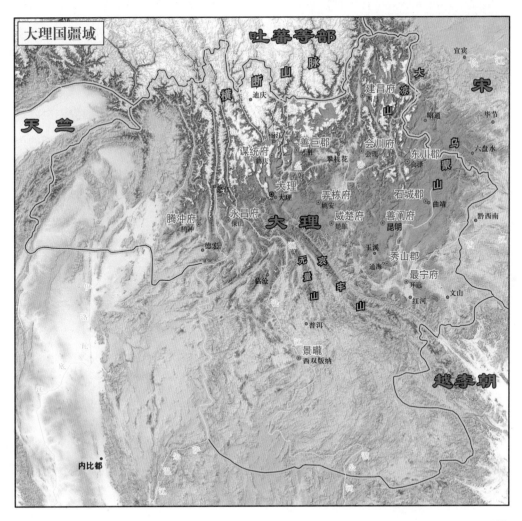

还不过瘾，干脆废了段氏自己当皇帝。后来在其他各部族的反对声中，高氏又把皇位还给了段家。

段氏后代为什么那么多出家做和尚的，和这个也有关，一是吓的，担心哪天高氏不高兴就把自己杀了，二是傀儡皇帝做得没什么意思，还不如当和尚自在。

由于段氏政权中断过，在这之后的大理就称为后理时期。后理时期的第一个皇帝是段正淳。段正淳接过高氏还回的皇位，当了十二年的皇帝，就把位子让给了儿子，自己当和尚去了。

段正淳儿子叫段正严。段正严又叫段和誉，就是金庸小说里段誉的原型。

段和誉是大理国第十六代皇帝，在位长达三十九年，是大理国在位时间最长的一位皇帝。当然皇帝是在大理国内叫的，面对宋朝，大理国一直是称臣纳贡，只能称王。尤其在段和誉在位的时候，和宋朝的关系非常好，经常向宋朝献礼献乐，宋徽宗也非常喜欢段和誉，封他为金紫光禄大夫、检校司空、上柱国、云南节度使、大理王。

段和誉二十五岁继位，六十四岁退位，出家为僧，一直活到九十四岁。也就是说，他后来在庙里度过了三十年。退位的原因是看不惯儿子们的内讧。儿子们的内讧是由高氏把控的，高氏内部也分为几个派系，不同的派系扶持他不同的儿子，互相倾轧，骨肉相残。段和誉最后看不下去了，禅位为僧。你们斗去吧，我眼不见心不烦。

段和誉是大理国历史上比较有作为的一个皇帝。无论内政外交，都颇有建树。大理人民对他的评价很高。

段和誉的几个儿子在高氏各个派系的支持下明争暗斗，其中有个儿子叫段正兴，在相国（也是高氏）的支持下取胜，坐上了皇位。在位二十四年，然后又是禅位为僧，把位子让给了儿子段智兴。

段智兴就是金庸小说里南帝（一灯大师）的原型。从这里我们可以知道，一灯大师是段誉的孙子。

和小说里不一样的是，段智兴实际上并没有出家，但他酷爱佛学，基本不理朝政，一心钻研在佛学之中。他在位期间修了六十座寺院。大理毕竟是小国，消耗不起。所以在他的手下，大理国开始衰弱。

段智兴是大理国的第十八位皇帝，到了他这里，大理国的国运就开始大头朝下了。等皇位传到了他的孙子手上的时候，很不幸，蒙古人来了。

这里有个问题，大理在南宋以南，蒙古人的主要目标是打南宋，怎么南宋还没打下来，突然想起来打大理呢？

中国历史上北方攻打南方，无非是三条线：两淮、荆襄、四川。蒙古人也不例外，最早在两淮打了几仗，屡战不利，就撤兵了。于是把重点放在荆襄，襄阳又久攻不下。最后，蒙古人想先打下四川，从四川沿长江而下，侧应荆襄战场，结果四川更难打。四川盆地号称天府之国，但实际上只有成都附近一小块是平原，其他的地方都是丘陵低山，蒙古人的骑兵到了这里，完全发挥不了优势，打了很多年也没打下。于是蒙古人想到了一招，先打下大理，从后方包抄南宋。

蒙古人的想法是，先打下大理至少有两个作用：一是可以南北夹击打下四川，二是可以从大理出兵支援荆襄战场。蒙古人心想，虽然四川难打，但我只要拿下大理，利用大理的兵粮，两面夹击，不愁四川拿不下。当然更重要的是荆襄了，就算四川拿不下，如果我占领了大理，就可以从大理进攻荆襄的南部，这样襄阳不就也守不住了吗？这里虽然山重水复，但既然当初楚国人能从荆襄打到滇池，我们当然也可以从滇池打到荆襄。别以为蒙古人没什么文化，就不知道历史，蒙古人一进入中原，身边就有一堆汉人献计献策。宋蒙战争的后期，实际上是汉人和汉人打，蒙古人在平原地区所向披靡，到了南方山区和江南水乡，战斗力极差，没有汉奸带路，几乎寸步难行。实际上，攻打大理的主意就是忽必烈向蒙哥提的，忽必烈就喜欢用汉人，这主意实际上也是他手下的汉人提的。

但四川还在南宋手里，蒙古人怎么过去呢？只能是绕过去。从哪里绕呢？这次蒙古人创造了一个千里奔袭的奇迹。蒙古人十万铁骑，出萧关，在陇西集结，然后沿着青藏高原的东端，穿过一千多里的茫茫雪原，跨过横断山脉，进入云贵高原。最后兵分三路，渡过金沙江，包围了大理。与后来的红军过雪山草地不同，当时吐蕃已经投降了蒙古，为蒙古提供了后勤保障。但即使如此，这一路山高路险，气候严寒，蒙古人同样损失惨重。等打下了大理，十万铁骑已经损失了四分之三。

大理段氏长年被高氏操控，实力有限，大理城失守后逃往滇池。一年后，蒙古人在滇池（昆明）活捉了段兴智（段智兴的重孙子），没有杀他，还带他到北方的蒙古汗庭，面见蒙哥大汗。蒙哥对段兴智做了很多思想工作，赐金符，让他回去继续管理云南。包括高氏的很多后人，虽然在大战中顽强抵抗，蒙古人也封他们为土司，继续统治原有的部族。

蒙古人虽然攻下了大理，既定的目标却并没有达成，因为大理原本就和宋朝的关系很好。当年赵匡胤统一中原的时候，打到赤水河就没有再南进，说南边不属于我。两国世代友好，感情很深。蒙古人想利用大理攻打南宋，不现实，大理人打心眼里就不愿意。蒙古人对段氏和高氏都采取拉拢怀柔政策，但其他的部族时有反叛，蒙古人又花了五年的时间才把各地的叛乱平息。加上前面攻打大理的两年，前后花了七年，大理这个地方才算消停下来。诸葛亮平定南中的时候，只用了两三万人，而且多是步兵，花了不到一年的时间，南人就永不反汉。而忽必烈以十万铁骑，前后花了七年的时间，才把大理平定下来，不可谓代价不大。另外，大理离蒙古占领区相隔千里，兵源调动和后勤补给十分困难。虽然最后打荆襄的时候，大理也确实出了点兵，从广西北上湖南，但战斗力极其有限，不但没帮上什么忙，对蒙古人来说还是个累赘。总之，蒙古人先打大理，得不偿失，平白消耗了不少军力，对南宋不但没有形成牵制，反而让南宋获得了喘息之机；云贵高原山陵纵横，也不可能成为蒙古骑兵战略进攻的基地。

唐朝时，南诏王阁罗凤遣使到长安朝拜唐朝皇帝，皇帝问："君在何方？"使者遥指南方，说："南边云下。"于是朝廷之中，"云南"便成为南诏国的代称，开元十六年（728年）唐朝皇帝封阁罗凤为"云南王"。

忽必烈统一中国后，在这里设"云南行中书省"，"云南"正式作为这个地方的名称确定下来，一直沿用至今。

第十二章　河套

要说西域，就得先说河西走廊。河西走廊是关中前往西域的通道。在汉代以前，中国人的活动范围主要在中原、河北、关中、巴蜀、荆州、江南这些地方。像北面燕山以北，南面五岭以南都是一片陌生。东边不用说了，是大海。往西，过了陇右更是一无所知。所以，中国的很多神话传说都源自西边，比如周穆王驾车西巡到昆仑山与西王母约会。这个昆仑山并不是现在的昆仑山，我们古书里的昆仑山，一会儿指祁连山，一会儿指天山，这说明当时人们对西域的认识很模糊。一直到汉武帝时期，中原人才对西域有了比较清晰的认识。

汉武帝之所以要打通西域，是因为匈奴。

在我们的印象中，匈奴是中国北方草原的游牧民族，但他们的起源却是在河套。早在周朝的时候，匈奴就存在。当时的匈奴只是诸多戎狄的一支，从河套到山西北部，都有他们的足迹。到了战国末期，匈奴才开始崭露头角。赵武灵王在山西的北部，沿阴山一带修筑长城，就是因为匈奴人开始崛起了。秦始皇统一六国之后，南征百越，北驱匈奴，把匈奴人赶到了长城以北。但是好景不长，秦朝很快灭亡，匈奴人趁机南下，控制了河套。

所谓的河套，就是黄河顶部"几"字形这一带，黄河像个套子一样把这块地方套在里面，所以叫河套。河套的外围，北方是阴山，西边是贺兰山。虽然这里大部分是沙漠，但是沿着黄河两岸有不少绿洲，这些绿洲都产粮食（养马更是不在话下），是滋养匈奴人的基地。其中有三个绿洲最大，一个是靠西的银川平原，岳飞在《满江红》里说"驾长车，踏破贺兰山缺"，贺兰山以西是一望无际的沙漠，贺兰山东面的银川平原通常是游牧民族南下的基地；第二个是河套西北角的巴彦淖尔平原，"巴彦淖尔"是蒙古语湖泊的意思，这里湖泊众多，河流纵横，非常富饶，也是个养兵的好地方；第三个是东北部的土默川平原，这个名字比较陌生，但它的另一个名字你一定知道，就是敕勒川。没错，南北朝时有一首诗歌叫《敕勒川》："敕勒川，阴山下。天似穹庐，笼盖四野。天苍苍，野茫茫。风吹草低见牛羊。"这个地方有多好，看这首诗就知道。

有句话叫"黄河百害，唯富一套"，指的就是这里。为什么这么说呢？我们熟知的黄河，通常指中下游。黄河在经过陕西和山西之间这一片黄土高原时，挟带了大量的泥沙，在过了龙门渡口之后，水流变缓，泥沙就开始沉积。泥沙沉积的结果就是河床抬高，河水容易泛滥，所以给中下游的人民带来很多灾难。但在黄河的上游，也就是河套这里，就不存在这些问题。黄河在这里不仅没有危害，反而孕育出

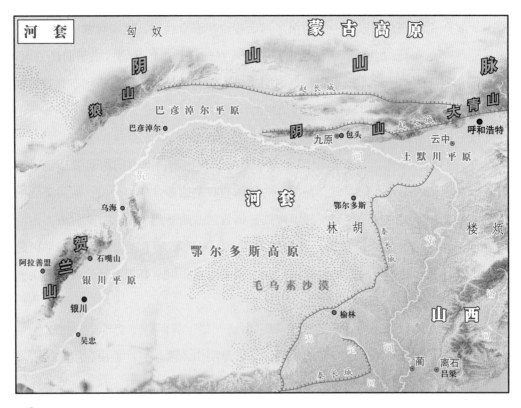

一个塞外江南。所以河套地区历来都是游牧民族抢夺的重点。游牧民族占领这里之后，可以利用这里的资源，并以此为基地，随时入侵中原。

早期的长城，也就是在北方游牧民族还不是很强大的时候，都是沿着阴山、贺兰山修建的，充分利用了这两条山脉的地势。像最早的赵国的长城就是如此，利用山脉的阻隔作用，可以大大降低修筑长城的成本。但到了后来，也就是明朝以后，中原王朝对北方的控制力越来越弱，河套这一段长城就退缩到了榆林一线。在秦汉的时候，这里经常称为河南（因在黄河以南），到明朝的时候才称为河套。整个河套地区，榆林是个分界线，榆林以北，是一片沙漠，以南是黄土高原。榆林顺着长城往东一点，也就是山西的右玉县，这里有个关口叫杀虎口（也叫西口），出了杀虎口往北，就是河套的敕勒川。清朝的时候，山西人常说的走西口，就是从这里走出去，到河套一带谋生。可以想见，河套一带是多么富饶。

前面说了，秦朝灭亡的时候，匈奴人趁机占领了河套，随时可以南下劫掠，成为新创王朝的心腹大患。于是在平定天下之后，刘邦打算一举解决匈奴的事，把

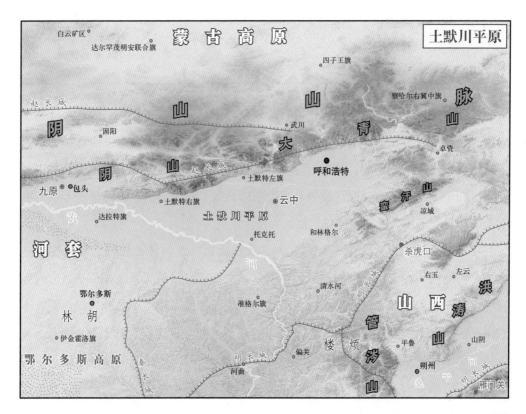

他们赶到长城以北。结果我们知道,公元前200年,就在大同的白登山,刘邦的三十万大军被匈奴四十万铁骑围困了七天七夜,死伤无数,刘邦也差点被俘,最后在陈平的建议下,贿赂了匈奴人的首领冒顿(mò dú)单于的阏氏(妻子),才得以逃脱。

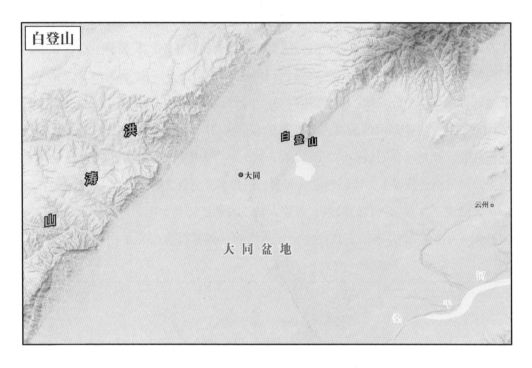

也就是通过这一仗,刘邦才知道,匈奴已经不是原来的匈奴,它的强大远超乎想象。之前讲过,汉朝初创之时,是一个半分封半集权的国家,中央能直接调动的资源也仅限于关中和巴蜀,其他的地方都被诸侯王控制。更何况中原地区从战国时到楚汉相争,几百年的时间,战争几乎没有停止过,民生凋敝,国力虚弱不堪,根本无法和正处于蓬勃发展的匈奴抗衡。

在春秋战国时期,匈奴是众多北方游牧民族之一,为什么转眼之间就变得这么强大?原因正在于这个冒顿单于。冒顿单于杀死了自己的父亲头曼单于之后,先后平定了东边的东胡和河西走廊的大月氏,然后又征服了楼兰、乌孙、呼揭等二十余国,控制了西域大部分地区,以及北方的许多小部落,建立了一个南至河套、北抵贝加尔湖、东达辽河、西至葱岭的超级大帝国。而此时的汉朝呢,版图仅限于关中、巴蜀、河南、河北、山东、两淮、荆襄、江南,岭南已自立为南越国,更何况整个汉朝领土的函谷关以东都封给了诸侯王，如果硬碰硬，凶多吉少。所以刘邦再三权衡，最终妥协，不得已采取和亲政策，以换取短暂的和平。

刘邦死后，惠帝刘盈继位，但实际大权在太后吕雉手上。对内，吕雉是个心狠手辣的人，杀功臣，把以前刘邦的宠妃戚夫人做成人彘，眼都不眨一下。但在对待匈奴的问题上，吕雉却一样隐忍。

刘邦刚死的时候，冒顿单于借吊唁之机，给吕雉写了一封信："孤偾之君，生于沮泽之中，长于平野牛马之域，数至边境，愿游中国。陛下独立，孤偾独居。两主不乐，无以自虞，愿以所有，易其所无。"堂堂的一国太后，被这样调戏，简直是奇耻大辱，大臣们都看不下去了，要出兵攻打匈奴。吕雉思虑再三，觉得还是不能得罪匈奴，于是回了这么一封信："单于不忘弊邑，赐之以书，弊邑恐惧。退而自图，年老气衰，发齿堕落，行步失度，单于过听，不足以自污。弊邑无罪，宜在见赦。窃有御车二乘，马二驷，以奉常驾。"又派人送去宗室之女，以及车马钱粮无数，继续和亲。

吕后在位的时候，虽然大肆屠杀功臣，也杀了刘邦的好几个儿子，大力提拔吕氏家族的人，但对待匈奴，继续走刘邦的和亲之路。在国内，吕雉废除秦朝法家治国的那一套，采用黄老之学，休养生息。紧接着的文景之治，同样以黄老之学治国，与民休息。文景两朝之后，汉朝积攒了大量的财富。尤其是汉景帝的时候，发生了七国之乱，虽然是一场大危机，但汉景帝最终平定了七国之乱，并且借此削弱了诸侯王的势力，加强了中央集权，使汉朝的实力大大增强。这个时候江山传到了汉武帝的手上。汉武帝不同于他的祖上，是个有扩张欲望的人，何况靠着祖宗积累下来的财富，他也有扩张的资本。于是在一番精心准备之后，汉武帝打算教训一下匈奴。

在对外扩张之前，汉武帝需要做两件事。第一件是推恩令，削弱诸侯王的势力，把全国的财富集中到中央；第二件是"罢黜百家，独尊儒术"，从思想上加强人们对皇权的顺从。秦国用法家的一套加强君王的实力，但在思想上没有解决人们对君王合法性的怀疑。董仲舒的儒家思想其实已经不是先秦时期的儒家，先秦时的儒家讲究"民为贵，社稷次之，君为轻"，董仲舒强调的是"君权神授"以及"三纲五常"。事实上，董仲舒的思想和商鞅一脉相承，都是强调君权，削弱民权，只不过一个从制度上用严刑峻法让人们不得不接受，一个从思想上让人们心甘情愿去接受。二者目的都是要加强中央集权，加强统一。到这个时候，黄老之学的无为而治自然就被武帝扔到一边去了。

有了这两样东西保驾护航，汉武帝就准备开疆拓土了。特别是北边的匈奴，它的存在就是时时在提醒着大汉王朝的耻辱。

在经过和匈奴的几场战役后，汉武帝发现，因为有河套地区做跳板，匈奴南下劫掠太容易。于是他的第一个目标，就是夺取河套地区。

公元前127年，汉武帝派大将军卫青出击匈奴。卫青采取迂回的方式，先包抄匈奴人的后路，切断河套与匈奴王庭（今蒙古国首都乌兰巴托）的联系，然后南下反攻，一举击破河套地区的匈奴军队，占领了河套。

河套易主，不但去掉了匈奴人南下侵扰的跳板，而且成了汉人进攻匈奴的前沿阵地。从此以后，在战场上，汉人节节胜利，连续收复阴山以南的数座城池，把匈奴人赶到了阴山以北。唐朝诗人王昌龄说："但使龙城飞将在，不教胡马度阴山。"龙城飞将指的是李广，汉武帝时期抗击匈奴的名将；阴山以北就是沙漠，把胡人赶出阴山，就意味着中原农耕文明的胜利。

但匈奴人的元气并未受损，如果不彻底击垮他们，他们还是会随时南下侵扰。汉武帝想要彻底打垮匈奴，永保北方边境的安宁，就得寻求盟友帮忙。这个时候他想到了大月氏国，如果能和大月氏国联合，两边夹击，胜算就大多了。

大月氏原本生活在河西走廊，后来被匈奴人击败，逃到了西域。汉武帝从俘虏的匈奴人口中得知，大月氏一直想找匈奴人报仇，汉武帝就想到与大月氏联合，左右夹击匈奴。

可是，去往西域的道路必须经过河西走廊，河西走廊已经被匈奴人占据着，要想与西域取得联系，就得先打通河西走廊。

第十三章　河西走廊

从关中的萧关出来后，沿着山谷往西，过黄河，左边是高耸入云的祁连山，右边是一望无际的大沙漠，只有中间一条几十千米宽的通道。在这条通道上，土地肥

沃，水草丰美，又因为在黄河以西，所以称为河西走廊。

祁连山是青藏高原的北端，海拔四千米以上，绵延八百千米，从甘肃的兰州一直延伸到天山的脚下。它的北边是匈奴人，南边是羌人，祁连山的存在，恰好阻隔了这两大蛮族的结合。祁连山顶终年积雪，融化的雪水滋养了山下的一片绿洲，这就是河西走廊。雪水顺山而下，形成无数条河流流淌在河西走廊上，其中最大的一条就是弱水。

弱水从祁连山飞奔而下，一路穿山越岭，向西流至酒泉附近北上，穿过浩瀚的沙漠，时隐时现，沿途孕育出点点绿洲，最后注入额济纳旗的两个湖泊。《山海经》里说："（昆仑之丘）其下有弱水之渊。"《后汉书》也记载："（大秦国）西有弱水、流沙。"应该指的就是这里，古人曾把祁连山称为昆仑山。《西游记》第二十二回描写流沙河时这样形容："八百流沙界，三千弱水深。鹅毛飘不起，芦花定底沉。"古人称河西走廊以北这片沙漠为流沙，顾名思义就是流动的沙漠。至于弱水，古人认为不能载舟的水是因为水弱，所以称弱水，实际上是因为河水太险，不能行船。沙

漠里的河流，时隐时现，一会儿在地面上，一会儿钻到地底下形成暗河，当然不能行船。后来我们常用弱水比喻爱情，比如《红楼梦》里就说："任凭弱水三千，我只取一瓢饮。"

在河西走廊的中间，有座山峰，叫作焉支山。焉支山产一种红花，抹在女人脸上很好看，于是匈奴人把这种花叫胭脂，他们也把好看的女子叫阏氏，像单于的老婆就叫阏氏。焉支、胭脂、阏氏都是音译词，写法不同，字音相同，意思一样。

匈奴人失去了河套之后，就只剩下河西走廊这一个地方可以种粮食了（当然是让抢来的汉人种）。这个时候，河西走廊对匈奴来说意义重大，汉武帝要夺取河西走廊，自然不是一件容易的事。但这个时候的汉朝，和刘邦那个时代的汉朝已经不可同日而语。

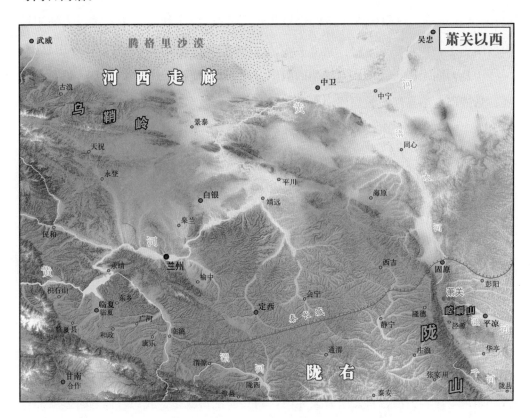

公元前121年，汉武帝派大将霍去病两次从陇西——甘肃临洮（táo）出发，进攻河西。第一次，霍去病越过焉支山，向西五百千米，杀敌九千人；第二次，霍去病沿弱水北上，越过居延海（内蒙古额济纳旗，弱水的终点），深入大漠一千千米，

歼敌三万多。霍去病率领的大军，在河西来去穿梭，如入无人之境。通过两次大仗，沉重地打击了匈奴人的士气。匈奴单于伊稚斜很生气，要惩罚驻守河西走廊的首领浑邪王，浑邪王心想，我不能等死呀，干脆带着人和土地投降了大汉。匈奴人听到这个消息后，一片哀号，还作了一首歌："亡我祁连山，使我六畜不蕃息；失我焉支山，使我妇女无颜色。"

过了两年，霍去病和他的舅舅卫青率大军深入漠北，向匈奴王庭发起总攻。卫青打败伊稚斜，伊稚斜突围，向北逃窜。卫青追击，不见敌军。李广迷路，未能参战，愤羞自杀。霍去病深入沙漠一千多千米，杀敌七万，封狼居胥。狼居胥山位于匈奴王庭的旁边，霍去病在这里搞了个庆祝胜利的仪式，从此以后封狼居胥成为历代武将的最高荣誉。南宋词人辛弃疾在《永遇乐·京口北固亭怀古》里说："元嘉草草，封狼居胥，赢得仓皇北顾。"说的是南朝宋文帝，学霍去病不成的反面例子，借古讽今。这一战，匈奴人元气大伤，从此退居漠北，休养生息。

于是河西走廊正式纳入大汉朝的版图。汉朝在河西走廊设了四个郡，即：武威郡、张掖郡、酒泉郡、敦煌郡。南北朝时期，张掖改名为甘州；隋朝的时候，酒泉改名为肃州。所以甘肃实际上是张掖和酒泉的合称。河西走廊和陇右合起来就是古时的凉州。

对汉朝来说，占据河西走廊有三个作用：

第一，获取军马产地。

中国的腹地并不产马，从周朝开始，中国的马主要来自一个地方，就是陇右（天水一带）。秦国的始祖正是因为养马有功才封了个附庸，陇西也是秦人最早的根据地。春秋的时候，主要是车战，其中一个重要的原因就是马匹金贵。到了战国，战争规模扩大，战车的作用减小，但骑兵也还是补充，步兵占了主导，也是因为马匹金贵。汉武帝时期，开始鼓励民间养马。因为汉武帝意识到，用步兵和匈奴人作战，无论如何是打不赢的。如果用步兵的话，在平原吃亏无疑，在山地还可以应付，如果要深入大漠，肯定是有去无回。骑兵的优势就是，我想打你的时候就冲过来了，你想打我的时候我跑了，你还追不上。所以汉武帝发现，要想战胜匈奴人，就得以其人之道还治其人之身。这也是汉武帝后来对大宛马耿耿于怀的原因，有好马才能打胜仗。鼓励民间养马只能解决一部分问题，中原地区毕竟没有草原。所以夺取了河套地区后，给汉朝增加了一个马匹来源。占领河西走廊之后，汉朝更是如虎添翼，因为这里也是良马的产地。一直到现在，这里还是我国的军马产地。祁连山下的山丹军马场是目前全世界最大的军马场，从公元前121年霍去病的时代算起，这里的养马历史已有两千多年。

第二，阻断青藏高原的羌人和北方游牧民族的联系。

羌人顾名思义就是放羊的人，也是一个游牧民族，同时也是一个善战的民族。长期以来，羌人的绝大部分都活跃在青藏高原，受高原的气候和资源影响，羌人的发展十分缓慢。唐朝的时候，松赞干布统一西藏，一时强大起来，连唐朝都不得不跟他和亲。宋朝的时候，有一支羌人（党项羌）跃过祁连山，来到了贺兰山下的宁夏平原，建立了西夏国，西夏虽小，竟连北宋都拿它没办法，最后是被蒙古人所灭。可以想象，如果没有河西走廊，高原上的羌人和草原上的胡人连成一片，对中原王朝华夏文明就是致命的威胁。

第三，打通去往西域的道路。

祁连山的南边是青藏高原，地形险恶，山顶终年积雪；而北边，是一望无际的大沙漠。从中原的腹地前往西域，只有这一条路可走。在汉武帝的年代，去往西域的道路更是别无选择。占领河西走廊之后，还有一个意想不到的结果。河西走廊的西端连着天山，汉朝占领河西走廊后，正好切断了匈奴与西域诸国的联系，真是一举两得。

河西走廊和汉朝其他的地方，不仅文化不同，人种也不同。这里最早是乌孙人和月氏人。后来月氏人把乌孙人赶走，占据了整个河西走廊。再后来匈奴人又把月氏人赶走，还替乌孙人复了国，等于是替乌孙人报了仇。赶走的那部分月氏人称为大月氏，留下来没走的称为小月氏。汉人来的时候，这个地方人种混杂，有乌孙人，有月氏人，有匈奴人，也有羌人。

乌孙和月氏属于白种人，羌人和汉人属于黄种人。匈奴自称是黄帝的后裔，那是故意往自己脸上贴金。匈奴是犬戎的一支，最早在陕西北部，和华夏族应该是近亲。后来在秦国的不断打压下，逐渐逃到北方的草原，并融合了其他的一些戎狄部族。等到匈奴人在北方草原强大的时候，实际上已经不是一个单纯的民族，而是融合了各个民族的混合体。

在匈奴人的眼里，河西走廊是塞外江南，但在汉人的眼里，这里人文习俗和自然风光，与中原大不相同。唐朝的诗人到了这里，总要发出一番苍凉悲壮的感慨。像王维的"大漠孤烟直，长河落日圆"，说的就是他出萧关后，西渡黄河，来到河西走廊看到的情景。还有王翰的《凉州词》："葡萄美酒夜光杯，欲饮琵琶马上催。醉卧沙场君莫笑，古来征战几人回？"凉州，指的就是河西走廊和陇右，葡萄酒、夜光杯，还有琵琶，都是翻译过来的词语，原本都是胡人用的东西，也是通过河西走廊传到了中原。王之涣的"羌笛何须怨杨柳？春风不度玉门关"，以及王维的"劝君更尽一杯酒，西出阳关无故人"，说的也都是这里。阳关和玉门关都在敦煌郡，处于河西走廊的最西端，出了这里就是西域，那就到了另一个世界，不知何年何月才能相见呢！

总结下来，汉人对匈奴主要有三大战役：河套之战、河西之战、漠北之战。汉人三战定乾坤，从此对匈奴的劣势转为强势。

收复河套，是拆掉匈奴人南下的跳板；占领河西走廊，是端掉了匈奴人的粮仓，更重要的是，打通了去往西域的道路。下一步，汉武帝就要向西域进发了。

第十四章 西域

玉门关、阳关以西，古代称之为西域。西域由北到南有三条大的山脉：最北边的阿尔泰山、中间的天山、南边的昆仑山。昆仑山以南就是青藏高原。三条山脉中间夹着两个盆地：天山以北是准噶尔盆地，天山以南是塔里木盆地。盆地中间是渺无人烟的沙漠。天山和昆仑山终年积雪，无数的冰川融化成河水从山上流下来，注入沙漠，于是就在山脚下滋养出一个又一个的绿洲。在汉朝的时候，每一个绿洲就是一个古国，当时称为西域三十六国，实际的数量应该比这多。

西域诸国以天山为界，分为南北两部分，其中绝大部分分布在天山以南的塔里木盆地周边。这里又分为两部分：塔里木盆地南缘有且末、小宛、精绝、扞（hàn）弥、于阗、皮山、莎车等国，被称为"南道诸国"；在盆地的北缘有危须、焉耆、渠犁、乌垒、龟兹、姑墨、温宿、尉头、疏勒等国，被称为"北道诸国"；在盆地西南、葱岭（帕米尔高原）一带有蒲犁、无雷等国；在盆地的东端有车师、楼兰（后称鄯善）等国。这些国家语言不一，习俗各异，互不统属，人口少则几百，多则数万，一般为几千人到两三万人，龟兹人口最多，有八万人。

早在攻打匈奴之前，汉武帝就派张骞到西域寻找大月氏国结盟，共同对付匈奴。张骞刚到河西走廊就被匈奴人抓走了，匈奴人对张骞说："月氏在我的后方，汉人怎么能去？假如我要派使节到南越去，你们汉人能答应吗？"于是就把张骞扣下了，这一扣就是十年。

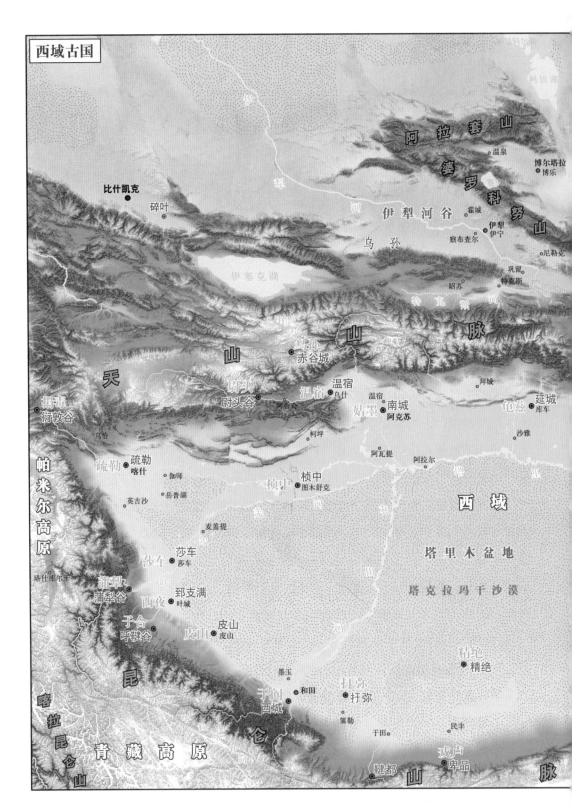

西域古国

比什凯克
碎叶

阿拉套山
婆罗科努山
温泉
博尔塔拉
博乐

伊犁河谷
霍城
伊犁
伊宁
尼勒克

乌孙
察布查尔

伊塞克湖
巩留
特克斯
昭苏

天

山

山

脉

乌孙
赤谷城

拜城

衔敦谷
甘赤

山头
尉头谷
阿合奇
温宿
乌什
温宿
姑墨
南城
阿克苏
延城
库车
龟兹

乌恰
柯坪
沙雅

疏勒
喀什
伽师
阿瓦提
阿拉尔
嗜里

帕
米
尔
高
原

英吉沙
岳普湖
楨中
图木舒克

西 域

塔里木盆地

塔克拉玛干沙漠

麦盖提

莎车
莎车

塔什库尔干
蒲犁
蒲犁谷

沙车
叶
西夜

郅支满
叶城

喀
拉
昆
仑
山

于合
呼鞬谷

皮山
皮山
皮山

昆

仑

墨玉
于阗
西城
和田

精绝
精绝

扜弥
扜弥

策勒

戎卢
卑品

青 藏 高 原

于田
民丰

鞬都
山

脉

塔城
吉木乃
额敏
和布克赛尔
福海
大湖盆地
裕民
富蕴
阿
尔
青河
玛
依
托里
乌尔禾
泰
力
山
白碱滩
山
克拉玛依
准噶尔盆地
脉
古尔班通古特沙漠
依
乌苏
连
奎屯
哈
独山子
沙湾
比
玛纳斯
尔
西且弥
昌吉
阜康
苏
于大谷
车师后国
疏
天
东且弥
兑虚谷
山
务涂谷
脉
疏勒谷
乌鲁木齐
巴里坤
达坂城
蒲类
山
车师前国
吐鲁番
哈密盆地
乌垒
交河
高昌
鄯善
哈密
轮台
乌垒
和静
危须城
吐鲁番盆地
轮台
轮台
焉耆
员渠
焉耆
巴音郭楞
库尔勒
渠犁
墨山
木
渠犁
尉犁
河
楼兰
楼兰
玉门关
敦煌
阳关
抒泥
阿克塞
若羌
金
山
且末
阿
尔
且末
小宛
山
昆
仑
脉
柴达木盆地
圩零
青
藏
高
原

十年后，张骞趁匈奴人放松警惕时逃了出来。等他历经千辛万苦进入西域，才听说大月氏又换了地方。

大月氏从河西走廊被匈奴人打败后，先迁到了天山北边的伊犁河谷，这里有一片牧场，水草丰美；后来在匈奴的支持下，乌孙人打过来了，占领了伊犁河谷，大月氏被迫继续南迁。乌孙人在河西走廊的时候，占据的仅仅是走廊的西端敦煌一带，那现在有多大呢？天山以北几乎全是他的！我们可以从他们后人居住的地方想象一下，乌孙的后人就是现在的哈萨克人，现在的哈萨克人居住的地方除了哈萨克斯坦外，还包括中国的哈萨克族、俄罗斯的哈萨克族所居住的地方。

大月氏被赶出伊犁河谷之后，继续南下，发现一个叫大夏的国家，于是把大夏灭了，就在那里落脚，重建家园。这个地方，就是今天阿富汗所在地。

张骞到达了车师国（吐鲁番，天山南麓），听到这个消息后，就没有向北翻越天山，而是沿着天山南麓走，一路经过焉耆、龟兹、疏勒，前面，就是帕米尔高原（葱岭）了。

"帕米尔"是塔吉克语"世界屋脊"的意思，亚洲最大的几条山脉全都在这里汇集：喜马拉雅山脉、昆仑山脉、天山天脉。应该这么说，在整个欧亚大陆上，帕米尔就是个屋顶，正是这个屋顶，阻挡了东西方的交流。高原的东边，天山以北是伊犁河谷和准噶尔盆地，以南是塔里木盆地；高原的西边，是阿姆河和锡尔河滋润的"河中地区"以及费尔干纳盆地。

高原上冰雪皑皑，寒风刺骨；人烟稀少，道路不通。张骞要走过这里，可以想象难度有多大，这一趟下来，随行的人员就死了不少。

张骞历尽艰辛，翻过了帕米尔高原后，到达费尔干纳盆地，发现一个国家，就是大宛（今乌兹别克斯坦境内）。张骞向大宛国王说明了此行的目的，并希望大宛国提供帮助，将来大汉国一定会重谢。大宛国早就听说大汉很富有，也想和汉朝交往，但一直迫于匈奴的压力，没有成行。张骞这一来，大宛国很高兴，热情款待了张骞一行人，还给他们派了向导和翻译。

大宛并没有和大月氏接壤，只能把他们送到西边的康居国。同样的，康居国王一听是大汉的使臣，赶紧好酒好菜招待，然后派人把他们送到南面的大月氏。

十年前，从长安出发，历经千辛万苦，一路风餐露宿，张骞终于找到了传说中的大月氏国。但让他失望的是，大月氏国人不想找匈奴人报仇了，哪怕是他们先王的头骨曾经被匈奴人当尿壶。

这是为什么呢？

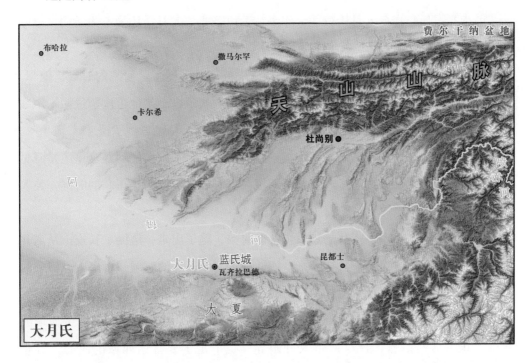

因为他们占了一个好位置。大月氏抢的是大夏国的地盘，这个地方在妫（guī）水（阿姆河）的上游，水草丰美，气候又好。也就是前面提到的河中地区，帕米尔是整个欧亚大陆的分水岭，离帕米尔最近、最富饶的土地就是河中地区。我们说河西走廊也好，西域也好，最大的特点就是干冷，干冷的原因是青藏高原挡住了从印度洋上吹来的暖湿气流。而大月氏现在占据的这个地方，在河中地区，南面的兴都库什山是中亚地区最高大、地形最复杂的山脉，同样阻挡了来自印度洋的水汽；但是从这里往西，则是一马平川，来自大西洋的水汽在西风的作用下可以长驱直入，也就是俗称的"大西洋最后一滴眼泪"。所以，这里的环境要远远好过河西走廊和西域。更何况，如果他们要去找匈奴报仇，就要千辛万苦地翻过帕米尔高原，穿过西域的茫茫大漠，还冒着九死一生的风险，也不现实。

大月氏人这么考虑也有他们的道理，这个地方比河西走廊确实要好，有发展前景。事实也证明如此，大月氏国内部分别由休密、双靡、贵霜、肸（xī）顿、高附五部翕侯管理，其中的贵霜后来就统一了北到中亚、南到印度的大片土地，建立了一个强大的贵霜帝国。贵霜帝国还控制了大宛和康居，但向汉朝一直自称为大月氏。当然，这是后话。

但张骞不死心，在大月氏待了一年多，苦口婆心，大月氏还是不为所动，没办法，也算是个结果吧，张骞就准备回汉朝了。

张骞去的时候，是沿着天山脚下走，结果被匈奴人抓了。回来的时候，他想，我如果沿着南边的昆仑山脚下走，就不会碰到匈奴人了。于是他再次翻过帕米尔高原后，沿着昆仑山北麓走，经过莎车、于阗（今和田）、精绝，到了楼兰。

过了楼兰之后，到达了羌人的地盘，张骞以为安全了，没想到在这里还是碰见了匈奴的骑兵，于是又被抓了。张骞不知道，当时正是匈奴势头正旺的时候，羌人也归附了匈奴。

这一关又是一年多，张骞趁匈奴内乱的时候，跑了出来，逃回了长安。从离开长安那天算起，到这次回来，这一来一回前后十三年，去的时候一百多人，回来的时候只剩下他和堂邑父两个人。

张骞出使西域，虽然没达成和大月氏结盟的目的，但带来了大量有关西域的信息。正是这些信息，让汉武帝大开眼界，也下定了要打通西域的决心。五年后，汉人攻占了河西走廊。又过了两年，汉武帝再派张骞出使西域，想拉拢西域其他的国家来共同对抗匈奴，即使不能成为汉朝的朋友，至少也不要成为匈奴的朋友。这个时候匈奴经过漠北之战，虽然伤了元气，但实力还在。最关键的是，西域诸国还听命于匈奴，还源源不断地向匈奴上交粮食和税收，要不了几年，匈奴人吸足了西域各国的血，就会恢复元气，卷土重来。而汉朝，经过连年的战争，国力已经吃紧了。

第二次出使西域，主要是外交和贸易上的成果。张骞和他的副使几乎到达了西域所有的国家，最远的还到过安息（今伊朗）。这些国家也都派出使者来汉朝。于是乎，各国的使者在这条道路上来往不绝，商贸也随之发展起来。汉朝带出去的商品主要是丝绸，于是这条路就被称为丝绸之路。丝绸之路给汉朝带来了巨大的利润，缓解了国库空虚的危机。

匈奴人一看，好家伙，在我眼皮底下玩得挺热闹啊。不行，我得阻止，这样下去，西域还是我的吗？于是匈奴人开始唆使一些国家搞破坏。

比如最东边的楼兰和车师，在匈奴人的唆使下，经常杀汉朝的使者，抢劫商队，成为西域路上严重的障碍。于是汉武帝派赵破奴、王恢率七百轻骑突袭，大破楼兰，后来又派赵破奴率兵平定车师。至此，西域东部安宁。

至于乌孙，汉武帝一开始想让乌孙回河西走廊，乌孙不回，汉朝只好采取和亲政策。经过两次和亲之后，乌孙逐渐倒向了汉朝，等于断掉了匈奴人的右臂。和亲看似不费一兵一卒，只需要一个女人。可对于一个国家来说，这是一个脸面的问题，让自己的女人去受苦，那还叫什么强国？乌孙和匈奴风俗一样，老单于一死，他的女人都要嫁给小单于。当然，不是亲妈，是后妈。但这个汉人也受不了，这不是乱伦吗？其中有位细君公主就碰到了这个问题，就给汉武帝写信求救。没想到一向霸气的汉武帝的回答竟然是：入乡随俗。没办法，这个时候还不能跟乌孙翻脸，汉朝还需要它在西边牵制匈奴。

大宛国最吸引人的是大宛马，也叫汗血宝马。汉武帝想得到汗血宝马，就派使者带了大量的金银玉帛去换，结果大宛国听命于匈奴，不换，还把使者杀了。汉武帝大怒，就派李广利率兵西征。

这个李广利是什么人呢？我们知道有一首诗："北方有佳人，绝世而独立。一顾倾人城，再顾倾人国。宁不知倾城与倾国，佳人难再得。"这首诗是五言诗的雏形，也可以说是五言诗的鼻祖。它的作者是李延年，诗里的主人公是李延年的妹妹。正是因为这首诗，李延年的妹妹入了宫，成了汉武帝的宠妃。李延年也成了宠臣。李延年还有个哥哥，就是李广利。两人都是沾了妹妹的光。

李广利被封为贰师将军，西征大宛。我们可以想象一下，从长安，到大宛，万里跋涉，劳师远征，这是兵家大忌啊！果然，李广利带着三万汉军，穿过河西走廊，进入西域后，西域的一些小国，纷纷警惕起来，做好了应战的准备，又发现汉军不是来攻打自己的，这才松了一口气。但他们又惧怕匈奴的威胁，全部关闭城门，拒绝提供粮草。三万汉军翻过天山的时候，已经饿死了一大半，然后进入大宛，攻打郁成城，又损兵折将，久攻不下，只好撤退。等他们回到敦煌的时候，已经是两年后，三万汉军只剩下三千人，一个个瘦弱不堪。

汉武帝大怒，不许李广利进玉门关，又征调了十万骑兵给李广利，让他第二次西征大宛，还派了几十万的后勤部队给李广利运粮。这一次，西域各国的态度忽然来了个一百八十度的大转弯，纷纷开城送粮。但这当中也有一个例外，那就是西域中部的一个大国——轮台，和上次一样，轮台准备迎战。

李广利下令屠城。轮台大约有三万人，被杀得一个不剩。后来汉朝为什么在轮台设立都护府统管西域各国？就是因为这里大换血了，全部是汉人，好管理。

剩下的小国都被震慑了，无一不箪食壶浆，以迎王师。

李广利顺利地到达了大宛，经过四十天的苦战，大宛投降。李广利杀掉大宛国王，另立一个听话的国王，大宛臣服。

西域各国听说汉朝征服了大宛，十分震惊，纷纷遣使入汉，还把儿子留在汉朝做人质，表示臣服。

汉朝在轮台设置了西域都护府，管理玉门关以西诸国。从此，西域纳入汉朝的版图。

也就是在这个时候，汉这个朝代的称号变成了一个民族的称号。之前我们一直称华夏人，从这时候开始就称汉人了。

汉人控制了西域之后，开始往这里大量移民，西域成为世界上最早的民族大熔炉。

在汉朝的挤压下，匈奴的生存空间越来越小，一直退居漠北休养生息。后来又经过内部斗争，五单于争位，最终分裂为南北两个匈奴。北匈奴郅支单于占据王庭，南匈奴呼韩邪单于南下投靠汉朝，后来娶了王昭君，归服后被安置在河套地区。郅支单于痛恨汉朝帮助自己的弟弟，又害怕汉朝的打击，就西迁到了康居。

郅支单于一到康居，又给西域带来很多不稳定的因素，他时不时派兵欺侮一下康居、乌孙、大宛这些国家，还要它们向匈奴进贡，这些小国又不敢反抗，只能向汉朝求救，汉朝派出的使者，经常被杀。

这个时候已经是汉元帝时期，汉朝已经不像武帝时期那样强悍。西域都护甘延寿拿匈奴也没办法。这个时候，一个名叫陈汤的人奉命出使到西域，担任西域副校尉。陈汤观察了西域的形势，对甘延寿说："如果等匈奴人拿下乌孙、大宛，那后果不堪设想，所有西域的小国都会倒向匈奴。匈奴人传统上擅长劫掠，并不擅长守城，如果我们调用屯田的汉军，再加上乌孙国的士兵，直接攻城，他们跑都没地方跑。"甘延寿觉得有道理，就想把这个意思上奏朝廷，但这个时候恰好他生病了，就搁置了。于是陈汤假传圣旨，调动了西域各国的士兵以及汉朝屯田的士兵，等甘延寿想阻止时，已经来不及了，部队已经集结了，只好跟着一起去打匈奴。

陈汤调集了四万多人，全歼郅支单于部队，从此匈奴作为一个国家退出了历史的舞台。从汉初开始，一直到这个时候，北方匈奴的边患才算彻底解除（后来五胡十六国时的匈奴是南匈奴，南匈奴已经汉化）。

陈汤在打败匈奴的时候，说了一句彪炳千秋的话："犯强汉者，虽远必诛！"但陈汤因为假传圣旨，再加上搜罗了匈奴人的很多财宝据为己有，遭到朝廷很多人的攻击，后来一直过得不顺，晚景也很凄凉。

西汉末年，王莽篡权，国内大乱，西域一度失控。后来东汉派班超出使西域，平定了动乱。但到了三国时代，群雄割据，西域再次丢失。不过好在司马氏收拾残局，逐渐也把西域收复了。

北匈奴退出历史的舞台后，北方草原上出现了权力真空，原先被匈奴人一直压制的鲜卑人很快崛起。鲜卑里有几个较大的部落，如拓跋氏、慕容氏、宇文氏。一部分鲜卑人南下，加上原来在长城一带的南匈奴，以及羌族、氐族、羯族，形成了五胡十六国的大乱世。最后是鲜卑拓跋部建立的北魏统一了北方，包括西域。

另一部分鲜卑人继续留在草原上，这就是柔然。北魏和柔然同属鲜卑人，北魏汉化后，视他们的同族柔然人为野蛮人，结果这两国长年征战，花木兰代父从军的故事就是发生在这个时候。

柔然控制了贝加尔湖，赶走了那里的高车（也称敕勒、铁勒）人。高车人向西南逃窜，跑到了阿尔泰山一带。

随着柔然的强大，和匈奴一样，它也成了一个各人种、各民族的混合体，下面一帮被欺压的小兄弟，除了这个高车外，还有个阿史那部，是柔然的"打铁奴"。

高车人一心想回到贝加尔湖，主要的部落就包括一个叫回鹘的，在回鹘部落的带领下，他们终于向柔然发起了攻击，一度占领了漠北地区。结果没想到的是，打铁奴阿史那部为了保护自己的主人，起来把回鹘人打下去了。在阿史那部的语言当中，阿尔泰山被称为突厥，于是他们以突厥为名，建立突厥国。逐渐的，把柔然也打下去了。柔然向东逃窜，最终分成了两部，北部的蒙兀室韦（后来的蒙古）和南部的契丹。

这样一来，回鹘就在突厥的统治下了。他们也回不了贝加尔湖，就活动在阿尔泰山一带，也就是西域的北部。

突厥人东征西讨，很快建立了一个西到高加索山，东至大兴安岭的强大帝国。自然的，这时的西域就控制在突厥人手中了。

万幸的是，在经过五胡十六国之后，我们建立了一个伟大的朝代——唐朝。李世民东征西讨，灭掉突厥，疆土的最西边已经到达了河中地区。回鹘人在唐朝的默许下，回到了贝加尔湖。

这个时候不光是大量的汉人进入西域，西域的很多胡人也进入中原，有不少胡人都在朝廷里做官，安禄山就是其中一位。

佛教也在这个时候大量传入西域，唐三藏的活动范围，主要就是在西域，还有河中地区和天竺。

突厥人在被灭掉半个世纪之后，在漠北又死灰复燃。回鹘人在唐朝的帮助下，消灭了突厥人的残余势力，建立了回鹘汗国。

这个时候，青藏高原的吐蕃兴起，他们向北越过昆仑山进入西域，企图控制那里。西域在唐朝和吐蕃之间几度易手。

紧接着，安史之乱爆发。身处蒙古高原的回鹘人倾全国之力帮助唐帝国，最终平定了叛乱。但回鹘汗国也从此衰落，吉尔吉斯人趁机灭掉了回鹘汗国。回鹘人又回到西域，在高昌这个地方建立了高昌回鹘汗国。可以说，这个回鹘，就是现在维吾尔族的祖先，只是翻译的名称不同罢了。

吐蕃衰落后，中国也进入混乱的五代十国时期。这个时候的西域三国鼎立：东部的高昌回鹘，西部的由葛逻禄与回鹘建立的喀喇汗国，以及南部的于阗国。

北宋的时候，这三个汗国都派使者向宋朝纳贡称臣，并以汉文化代表自居。

当契丹人在中国北方被女真人打败后，其中一支逃到西域，统一了西域各部，建立了西辽。

13世纪，原本被打到大兴安岭的柔然的一部——蒙古人兴起。1218年，成吉思汗派大将哲别率领两万骑兵征讨西辽，西辽灭亡。

成吉思汗死后，西域和花剌子模（帕米尔高原以西的河中地区）被封给了次子察合台，建立了察合台汗国。

察合台汗国灭亡后，其后裔建立了亦力把里。明朝后期国力衰弱，退守嘉峪关。西域又分裂成好几个小国。

到了1678年，又一支蒙古人统一了天山南北，建立了准噶尔汗国。清朝的时候，从康熙到乾隆，不停地对准噶尔用兵，最后收复了西域。西域再次纳入中国版图，因为失而复得，所以把这里称为新疆。

随着蒙古人的衰落，从金帐汗国里独立出来的俄罗斯公国很快崛起，并迅速向远东扩张，占领了西伯利亚的广大地区，成为中国北方最大的威胁。

经历过鸦片战争的清朝，这时已羸弱不堪。在新疆，俄罗斯通过非法占领、武装移民、签订不平等条约等各种手段，先后侵吞了这里四十多万平方千米的土地。

19世纪中叶，中亚地区的浩罕国首领阿古柏，在英俄两国的支持下，侵入新疆，占领了天山以南的喀什噶尔、叶尔羌、莎车、和田、库尔勒等地，沙俄趁机侵占了天山以北的伊犁河谷。这时的清朝，在新疆只剩下塔城等少数据点。

到1877年底，左宗棠击败阿古柏，收复了除伊犁地区以外的新疆领土。随后，中俄签订了《伊犁改订条约》，清政府收回了被沙俄占领长达十一年的伊犁地区。

清政府收复新疆后，设新疆省，实行与本部十八省同样的行省制度，由巡抚统管当地的军政事务。

也有人说，正是在左宗棠收复了新疆之后，在给朝廷上的折子中称"故土新归"，于是后来建省的时候，就以新疆命名。"新疆"由一个泛指的地名正式确定为一个行政区划名称。

第十五章　深入塞北，直抵辽东

我们先来了解一下长城的走向。

燕山山脉的东端，一直延伸到了渤海。在燕山和渤海之间，有一条狭长的走廊，起点就是山海关，一直到锦州，再往东就到了辽河，辽河以东称为辽东，与之相对，所以这条走廊称为辽西走廊。

长城以山海关为起点，沿着燕山山脉，向西接上了阴山；然后南拐，接贺兰山，将河套围起来后，再折向西，沿着河西走廊的北沿，一直到嘉峪关。

这是主流的长城走向，不同朝代略有变动。比如战国时燕国控制了辽东，东部

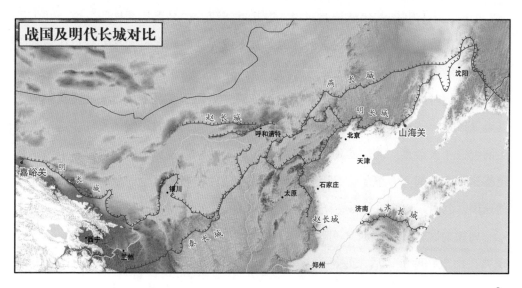

的长城就把辽河包进去了，一直到鸭绿江；明朝的时候丢了河套，中部的长城也跟着退缩到了榆林一带。长城是农耕民族和游牧民族的分界线。长城沿线修建了很多关塞来防守游牧民族的入侵，所以我们称长城以北为塞北。

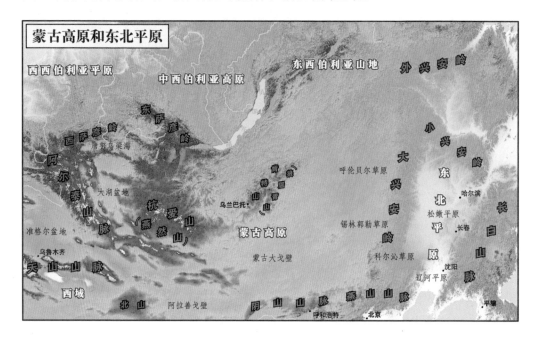

在长城以北，西起阿尔泰山，东到大兴安岭，这一部分我们现在称之为蒙古高原，古人称大漠，或瀚海。这一部分南边，也就是沿长城以外，大部分是沙漠，往北是草原。大兴安岭以东，是东北平原。大兴安岭是蒙古高原和东北平原的分界线，山岭之中有几条常年流淌的河流，这几条河流，也是连接两地的通道。其中最主要的河流就是西辽河，它的上游称为西拉木伦河，向西穿过大兴安岭直达蒙古高原，是草原民族进出辽东的主要通道。

在商周时期，中国人对这里一点也不了解，只知道这里生活着一些蛮夷，他们甚至笼统地称这里为鬼方，意思就是鬼住的地方。到战国的时候才发现，这里大致生活着三个大部落：北部的匈奴，大兴安岭的东胡，以及长白山的肃慎。中原华夏统称这些人为胡人，东胡也是因为在匈奴的东边而得名。这个时候，身处中原北方的燕国、赵国开始修筑长城，防止胡人南下而牧马。

周朝的时候，把中原文明地区称为华夏，此外就是东夷、西戎、南蛮、北狄。东夷在山东和两淮，后来逐渐融入华夏；南蛮以楚国和吴国为代表，也融入了华夏。但西戎和北狄，有一部分融入华夏，大部分被挤压到河套和山西北部，汇入了匈奴的阵营。

应该说，匈奴不是一个民族，只是一个部落联盟。华夏也不是一个民族，而是一个文明符号。民族的概念是第二次世界大战后西方人传过来的。在此之前，中华文化里从来就没有民族这概念，我们所说的族，其实指的是文化。比如"非我族类，其心必异"说的就是，咱们文化不同，想法肯定不一样。典型的例子就像朝鲜世宗大王推广谚文（朝鲜的拼音文字）的时候，两班的官员反对的理由就是：怎么能放弃华夏正统的汉字不用而采用蛮夷的文字呢？当时的上层社会都用汉字，至于谚文，顾名思义，就是用口语拼写的文字，底层人才用。

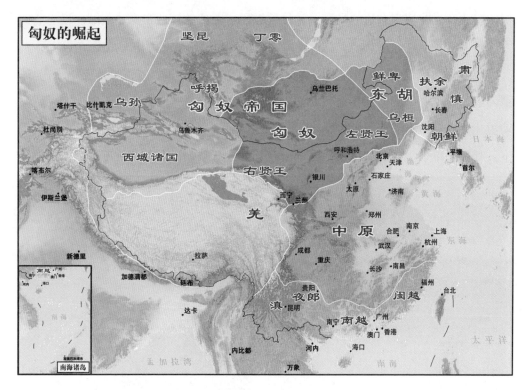

在中国进入春秋战国相互灭国兼并的时候，匈奴人也在草原上做着同样的事情。到战国末期，匈奴已经统一了漠北高原，准备南下而牧马了。

刚刚统一中国的秦国很强大，蒙恬用了三十万大军，大破匈奴，夺取了河套，并且沿着大阴山修筑了长城，把匈奴人挡在长城以外。

这个时候的匈奴日子很不好过，东面是东胡，时不时欺负它一下，西边有月氏，南面是秦国，都不是好惹的。但很快秦国亡了，陷于内部混战。匈奴出现了一个冒顿单于，赶上这个好时机，左右开弓，先打掉了东胡。东胡的残余分作两部分，北部的鲜卑和南部的乌桓。紧接着，匈奴又打败了河西走廊的月氏，迫使大月氏西迁。匈奴控制河西走廊后，紧接着控制了西域。然后趁中原内乱的时候，夺回了河套地区。这个时候，西起阿尔泰山，东到大兴安岭，北到贝加尔湖，南到长城，都是匈奴人的地盘。

再往后的事大家都知道了，刘邦白登山之围，差点丢了性命，文景之治，休养生息。一直到汉武帝出现，匈奴人的好日子就到头了。

前面提到过，东胡被匈奴打败后，残部分成两块，北边的叫鲜卑，南边的叫乌桓。汉武帝先吃掉了东边的乌桓，紧接着控制了西边的河西走廊和西域。没有后顾之忧后，就着手对付匈奴。漠北一战，匈奴元气大伤，从此漠南无王庭。

屋漏偏逢连夜雨，匈奴内部开始分裂。呼韩邪单于和他的哥哥郅支单于内讧，把匈奴分成了两部分，南匈奴和北匈奴。为了对付哥哥，呼韩邪单于倒向汉朝，主动提出和亲。我们知道的昭君出塞，就是嫁给了这位呼韩邪单于。在汉朝的鼓动下，呼韩邪单于领导的南匈奴不停地向北匈奴发起攻击。北匈奴抗不住，西迁到了

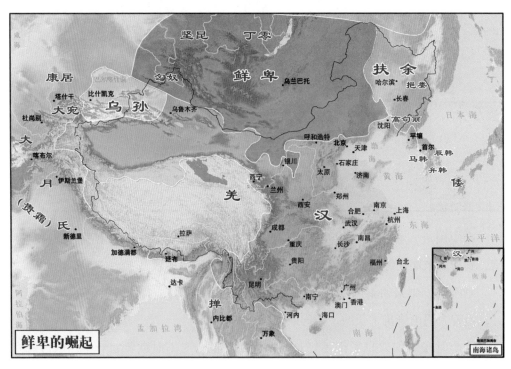

鲜卑的崛起

康居，最后被陈汤灭掉了，一小股匈奴残部留在了阿尔泰山。

在北匈奴西迁后，蒙古高原上出现了权力真空。这个时候，留在大兴安岭的东胡的一支——鲜卑人一看就高兴了，马上西进抢占地盘。一个翻版的匈奴出现了。

汉朝逐渐衰落，鲜卑趁机发展。中国历史进入三国时期。鲜卑的小兄弟，另一支东胡部族——乌桓，这个时候完全是一个汉化的国家了，投靠了河北的袁绍。所以曹操在灭掉袁绍之后要北征乌桓，目的就是要彻底消灭袁绍的残余势力。军旅途中还在秦皇岛留下一首"东临碣石，以观沧海"的诗篇。

司马家统一中国后，一心搞内斗，对边关的隐患视而不见。这个时候，对中原虎视眈眈的游牧民族有：原先汉化的南匈奴，新起的鲜卑，还有羌、氐、羯。

羌是一个很古老的民族，和汉族同源，所以他们常说自己也是黄帝的后裔。在远古的时候，有一批人在祁连山以南、陇山以西放牧，我们称他们为古羌人。我们知道，在远古时期，华北平原是由黄河的泥沙冲积出来的，当华北平原稍稍稳定下来之后，其中一批古羌人从山上下来，到平原上发展出了农耕文明，这就是华夏族的源头。留下来的那一批，就是羌人。从地形上我们可以了解，青藏高原是个突起，和四周的海拔落差很大，但在东北角（陇西）有一个很适合游牧的缓坡，在东南角（云贵）还有一个不太好用的缓坡。留下来的古羌人在陇西繁衍，人数越来越多，逐渐向青藏高原渗透。进入高原的那部分，就成为后来藏族的祖先。这部分最后还向云贵高原渗透，形成彝族等西南少数民族的祖先。

所以在华夏人的眼里，陇西这个地方，一直是羌人的聚集地，像三国时的马超，就有羌人血统，手下的很多士兵都是羌人。这里其实也是华夏人龙兴之地，华夏人虽然迁走了，但对祁连山的记忆还在。在华夏人的很多古书中（比如《山海经》），昆仑山一直是个神秘的所在，那时所说的昆仑山，其实指的就是祁连山，所谓的瑶池，就是青海湖。一直到汉人打通了河西走廊，看到了天山，才发现，哦，还有更大的山，那昆仑山应该说的是它；再后来，又打通了西域，发现一个更高更大的山，于是又说，这才应该是昆仑山嘛！

一直留在陇西没走的那部分就是后来的羌人，保持着原始的游牧传统。

氐族，其实和羌族同源。在陇西的羌人，有一部分逐渐与其他部族融合，形成了氐族，所以也叫氐羌。

羯族，是匈奴的一支。这支队伍很特殊，是白种人。匈奴本来就是一个混合的部落联盟，在征服西域和河中地区时，俘虏了大量的白种人，后来就把他们编在一起。当时的白种人是受歧视的，被黄种人看不起，所以这群人就是匈奴的打手，地位很低。在这种环境下，他们也只能抱团取暖，最后形成了一个新的族群，这就是羯族。

匈奴、鲜卑、羌、氐、羯，这五个部族趁中原内乱的时候进入中原。这些游牧民族虽然汉化得厉害，但文化水平都不高，创立的国号无非就是汉、秦、赵、燕这些，全是以前中国人用过的，为了区别，我们就称它们为前赵、后赵、汉赵、成汉、后燕、北燕等等。五胡十六国时，各种血腥屠杀、内斗外战、政权更迭不计其数，前后持续了一百三十五年，最终以鲜卑拓跋氏建立的北魏统一北方而结束，这也造成了汉人的第一次衣冠南渡。

再说没有南下的那部分鲜卑人，他们改了个名字，叫柔然。在收拾了匈奴的残部后，也开始东征西讨，时不时南下而牧马，搞得北魏很是头疼，称他们为蛮夷。

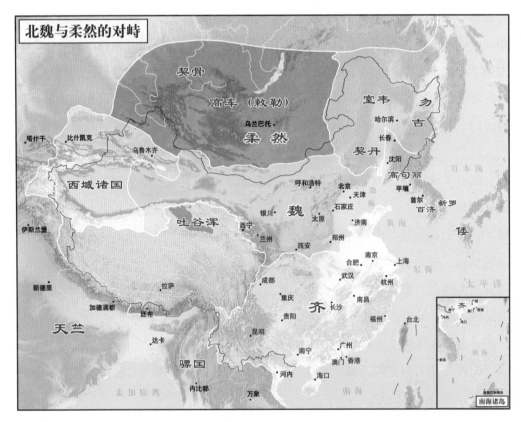

北魏与柔然的对峙

这两个同是鲜卑人的部族，现在变成了死敌。花木兰的故事就是发生在这个时候，"可汗大点兵"，打的就是柔然。北魏人称皇帝为可汗，带有明显的鲜卑习俗。

柔然的内部，也是各种部落混合。其中有一支是最早生活在贝加尔湖的高车人（也称敕勒、铁勒，在此之前他们称为丁零），被他们赶到阿尔泰山。在阿尔泰山还有一支匈奴的残部，在他们的语言里，阿尔泰山叫突厥，于是他们用突厥来命名自己的部落。他们很被柔然看不起，沦为"打铁奴"。

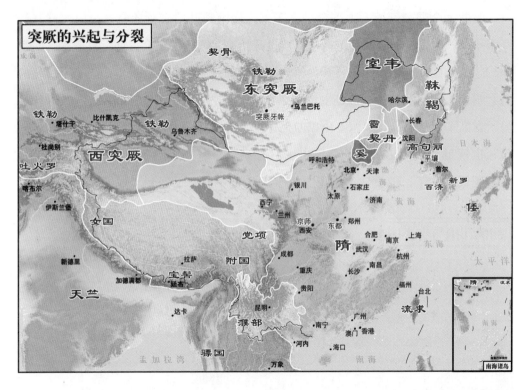

我们说西域地区长年干旱少雨，一是因为南边的青藏高原挡住了印度洋的水汽，还有一个原因就是北边的阿尔泰山挡住了北冰洋的水汽。但阿尔泰山远没有青藏高原那么高、那么宽，所以北冰洋的水汽在这里抬升后形成降水，滋养出很多肥美的草场。在广大的西域，阿尔泰山一带是雨水最丰富的地区，也是众多部族繁衍生息的地方。

高车人从贝加尔湖到这里之后，逐步强大，就想回到他们的老家贝加尔湖，于是起兵反抗。这时候，柔然的打铁奴突厥护主心切，站出来把高车打下去了。吃下高车人的突厥一下子强大起来，就不甘心做打铁奴了，他们也要造反。迅速成长起来的突厥开始东征，去攻打从前的主人柔然。草原上的部落很容易顺风倒，他们没有那么多文化上的隔阂，反正在谁手底下都是放羊打仗。柔然很快被打败，残部逃回了老家——大兴安岭，而且又是分成了两部：北部的室韦（室韦有个部落叫蒙兀，即后来的蒙古）和南部的契丹。

突厥不但占领了蒙古高原，还占领了阿尔泰山以西的中亚地区。后来在隋朝的离间下，突厥分为两部分，阿尔泰山以东的就是东突厥，以西的称西突厥。

突厥是个混合部落，大部分是高车人。当突厥开始衰落的时候，内部就开始互相残杀，原先被压制的几个高车部落也开始有了露脸的机会，如：葛逻禄、回纥（hé）、薛延陀。其中以回纥打头，得到了唐朝的青睐。唐朝还给他们起了个汉化的名字叫回鹘。回鹘最终在唐朝的支持下统一了蒙古高原，建立了回鹘汗国。同时，另一支高车人葛逻禄在阿尔泰山以西也建立了自己汗国。葛逻禄汗国就在碎叶城一带，也就是李白的出生地。李白出生的时候，葛逻禄还臣属唐朝，要是再晚点，等葛逻禄独立了，他就成胡人了。高车人几百年后终于回到了他们的老家——贝

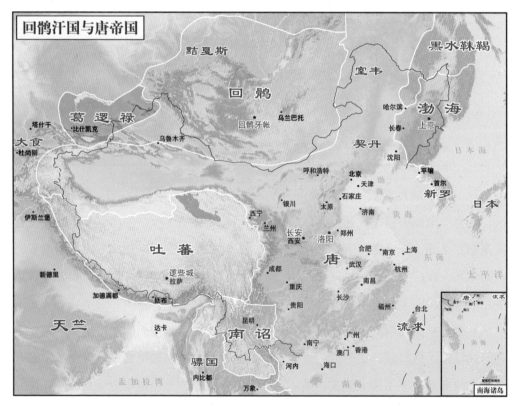

回鹘汗国与唐帝国

加尔湖。

随着唐朝的衰落，一支突厥人的残部——黠戛斯（xiá jiá sī，唐时的翻译，现在翻译为吉尔吉斯，之前他们称坚昆）从西北冒了出来，打败了回鹘人。回鹘人只得南逃，一部分回鹘人在高昌这个地方建立了高昌回鹘汗国，也就是西州回鹘，另一部分跑回了阿尔泰山，和那里同是高车人的葛逻禄人合在一起建立了喀喇汗国，又称黑汗。高昌回鹘汗国和喀喇汗国以回鹘人为主体，就是维吾尔族的前身。

黠戛斯人打败回鹘人之后，却没本事控制蒙古高原，这个时候曾经被突厥人赶走的柔然的一支——契丹人又杀回来了。于是黠戛斯人又被赶回老家放羊了。

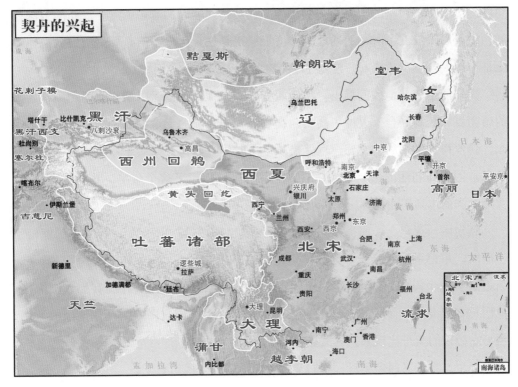

契丹人不仅占据了蒙古高原，还向东灭掉了渤海国，占据了东北。说到这里，我们得回顾一下为什么东北这里会突然冒出个渤海国，因为从这个时候开始，东北要慢慢唱主角了。

还记得前面说过的吧，从商周时候起，长白山一带有个肃慎。这个肃慎，后来我们翻译成女真，其实是一个意思。当时的蒙古高原上活跃的是游牧民族，而东北平原上生活的是渔猎民族。渔猎民族生活相对稳定，他们并不像游牧民族那样喜欢到处劫掠，所以这么多年来他们一直都默默无闻，但是也没闲着。

肃慎在向东北平原扩张的时候，征服了一个部族叫惠漠。但惠漠一直不太听话，实际保持着半独立的状态。后来肃慎被匈奴打压的时候，惠漠终于喘了口气，其中的一个部落"扶余"渐渐崛起，统一了各部，建立了扶余国。

公元前1世纪，扶余国王子朱蒙（音译）因为与其他王子不和，逃离扶余国到"卒本扶余"，建立高句丽国。高句丽反过来吃掉了扶余国，还南下占领了朝鲜半岛的北部。半岛的南部是当地的土著。其中一批扶余人跑到南部，统治了当地人，建立了百济。剩下的当地人也建立了一个国家，叫新罗。这就是朝鲜的三国时代。高句丽是个汉化很严重的国家。它的主体，其实是周朝时的箕子朝鲜，汉初的卫满朝鲜，以及后来汉武帝时期的四郡。百济上层也是扶余人，下层百姓是当地人。新罗全是当地人，也叫三韩人，是现在朝鲜人的祖先。

高句丽是东北地区的霸主，隋唐两朝都在东征高句丽。隋朝因此而亡国，后来的唐朝就和新罗联合，灭掉了高句丽和百济，把它们的土地瓜分了，唐朝得到了辽东，新罗得到了半岛的北部。也就是从这个时候开始，三韩人才开始统治整个朝鲜半岛。因为高句丽的影响太大，后来的三韩人就借用了这个名字，并简化为高丽，实际上高丽跟高句丽没有历史传承关系。

高句丽一灭亡，长期被压制的肃慎（汉晋时称挹娄，南北朝时称勿吉）就松了一口气。肃慎下面有一支部族靺鞨迅速崛起，建立了一个国家叫"震国"，后来唐朝就册封这个震国为"渤海国"。还有一部分更原始的靺鞨人并没有加入渤海国，他们仍在黑龙江一带渔猎，所以称为黑水靺鞨。渤海国立即成为辽东地区的大国，但与它旁边的契丹比起来，它又显得很小。

好了，终于又回到契丹，我们又接上前面的那一段历史了。

契丹灭掉了渤海国，控制了东北，给自己取了个国号，叫辽。原来同门的室韦也不再搞渔猎工作了，离开了大兴安岭，到蒙古高原上游牧，收拾了突厥的残部后，逐渐形成了蒙古族，并成为契丹人的帮手，东征西讨。

渤海国灭亡后，有一个叫完颜函普的靺鞨人来到松花江一带，振臂一呼，这些靺鞨人就跟着他走了。渐渐地，他们占领了东北的北部，还恢复了他们古老的名称——肃慎，也就是女真。最后，他们在哈尔滨一带模仿汉人称帝，建了一个国，叫金。

金国一方面联合南边的宋国抗辽，一方面煽动原渤海国的人起来造反。辽国靠近中原，汉化得厉害，战斗力也随之下降。又两面受敌，疲于应付，终于败亡，残部跑到西域建立了西辽国。原来的小跟班蒙古，此时也只好转向金国纳贡称臣。

收拾完辽国，金国就开始打宋国了。于是就有了靖康之耻，金国占领了华北，宋朝衣冠南渡到江南。

金人进入中原，汉化得更彻底，战斗力也跟着下降。不过，金人虽然南下了，他们还有一支同门兄弟仍留在白山黑水之间过着原始的渔猎生活，也就是之前提到的黑水靺鞨（辽称他们为生女真，编入辽籍的为熟女真）。这一支女真人还保留着渔猎民族的强悍战斗力，他们就是后来的满洲人，我们一会儿再说。

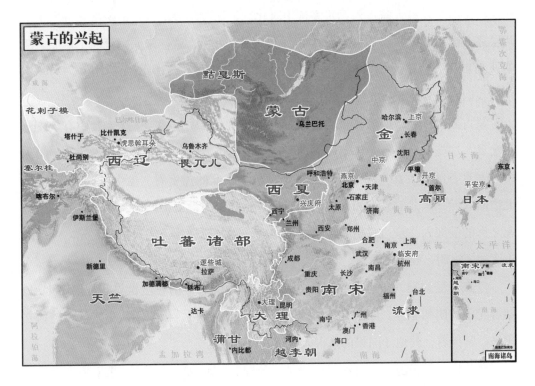

这个时候，留在草原上的小跟班蒙古，在金人南下后迅速崛起。所以这个时候金人的身份就转变了，无论在心理还是在身份认同上，他们和汉人没什么区别了。他们一方面想着要南下统一中国，另一方面又要对抗草原上的游牧民族。其结果，也和辽国一样两面受敌，最终被蒙古人所灭。在蒙古人的眼里，金人被称为北方汉人。

然后，众所周知，蒙古人横扫欧亚大陆，没有人能抵挡他们的铁蹄。汉武帝让"汉"这个字成为我们民族的称号，蒙古人让"蒙古利亚"成为黄种人的称号。成吉思汗的主要目标是中国，也就是学学以前匈奴、突厥，但没想到他的儿子们太能打，几乎打下了半个地球。他死后，蒙古人在中国建立"大元"，取自易经"大哉乾元"。和过去的朝代比，前面多了个"大"字，后来的明清也纷纷效仿，称大明、大清。大元是蒙古人的宗主国，蒙古人还建立了金帐汗国、窝阔台汗国、伊儿汗国。这些汗国都是大元的藩属国。大元的皇帝也是他们的盟主。

游牧民族一旦进入中原，往往比汉族更贪图中原的富贵安逸生活，没有人想再回到草原上去过那种苦哈哈的日子，所以战斗力下降得很快。辽如此，金也是如此。有了前车之鉴，蒙古人就始终抗拒汉化。但这种结果更糟，拒绝汉化导致上下两层离心离德。蒙古人占据中原，统治了不到一百年，就被朱元璋赶回了草原。明朝认为自己替代了元朝，但蒙古人认为他们并没有亡，仍保留元的国号。为了区别，我们称它为北元。北元后来分裂成鞑靼和瓦剌。

蒙古人败退后，原先在东北被蒙古人压制的女真就慢慢起来了。其中有一支建州女真，这支女真里有个部落叫满洲，这个部落里有位人物叫努尔哈赤。努尔哈赤统一女真各部，改女真为满洲。如果站在整个东亚的角度看，这个时候很像三国：北边的北元、东北的满洲和南边的大明。这三股势力鼎立的时候，满洲最弱，但后起之秀的满洲人，一边收拾蒙古人的残部，一边向西进攻，先灭掉了北元，然后南下灭掉了大明，建立了大清。

令人奇怪的是，蒙古人的败落，几乎是排山倒海似的在全世界各地同时上演。随着元朝被明朝驱逐，原来金帐汗国的统治者也不行了，俄罗斯从金帐汗国里独立出来。紧接着，其他汗国里的蒙古人也跟着被赶下台。

独立出来的俄罗斯一开始只是一个小公国。在复仇的道路上，俄罗斯人一边追逐跑回老家的蒙古人，一边扩充地盘，最后成了个庞然大物，直接与中国接壤了。

可以说，整个中国历史，就是不断同北方游牧民族斗争融合的历史。在冷兵器时代，游牧民族与农耕社会这两种文明的冲突注定是前者占上风。因为从军事上说，他们的作战方式与生活方式一致。农耕社会里作战时需要的征召、装备、调集、训练这一系列费时费钱的程序他们都省掉了，他们从小就骑在马背上，他们的武器就是他们日常游牧的工具。农耕文明一开始总是防御，然后反击，输得多，胜得少。这种趋势直到清朝康熙皇帝用红夷大炮平息了噶尔丹叛乱才得以彻底扭转。

　　记得林语堂曾经说过，正是由于有北方少数民族的新鲜血液不断融入，中国人才能保持永久的活力，文明薪火相传，延续至今。我不太同意这个观点，无论是在东方还是西方，蛮族的入侵都是各个文明中心都要面临的问题。蛮族入侵对文明的破坏远比建设大得多。我们可以看到，除了中国汉文化外，世界上其他的文明，苏美尔也好，埃及也好，还有印度、希腊、罗马等等，不管是原生文明还是次生文明，最后都在蛮族的入侵下中断了，消失了，只有中华文明延续下来了，这是不幸中的万幸。我们今天能看懂两千多年前古人的书籍，对他们的事迹感同身受，正是得益于这种文明的延续。在外国人看来，这简直不可思议，他们两千多年前的书籍，首先能保存下来的极少，即便保存下来了，除了极少数专家学者外，普通人根本看不懂。所以说，我们的汉文化的确太伟大了，在北方游牧民族的不断侵扰下，不但生存下来了，而且在兼收并蓄中不断发扬光大，这些游牧民族一旦进入中原，都自觉不自觉地被汉化了，最终都成为华夏文明的一分子。

第十六章　两次北伐

到上一章为止，我们对中国历史上大的地理单元做了一个梳理，这几个地理单元分别是：荆州（荆襄、荆楚）、关中、江南（江东）、山西、河北、中原、山东、两淮、巴蜀、百越、云贵、河套、河西走廊、西域、塞北（蒙古高原和东北平原）。可以说，中国几千年的历史，都是围绕着争夺这几个大的地理单元展开的，每一个地理单元都有它独特的地理军事价值，除此之外的地方，像西藏、台湾，一直到近代才体现出它们的战略价值，对中国古代历史的发展影响不大，所以就不单列出来讲了。

在讲完了这些地理单元之后，最后这两章，我就举几个例子来说明它们的作用，这样大家印象更深刻，也更好理解。所以在这最后两章里，我就不配地图了，如果你在读以下文字时，能在脑子里绘制出大致的地图，那么恭喜你，以后你在看任何有关中国历史的书籍时，都可以自行脑补地图了。

先说两次北伐吧。一是朱元璋反击元朝，二是国民革命军北伐统一中国。

说起朱元璋，我们的第一印象是没文化，穷苦人出身，从小也没读过什么书。但在军事上，朱元璋绝对是个天才。朱元璋反抗元朝的第一步，是先取得南京，建立江南政权，但这个时候，朱元璋仅仅占据江苏一带；第二步，朱元璋就开始对原先一同抗元的兄弟们下手了，他先消灭陈友谅，取得湖广、江西，然后消灭张士诚和方国珍，占有浙江一带。这样一来，从江南到荆襄的整个南方地区都在朱元璋的掌控之下了。在占据了中国的半壁江山之后，下一步，朱元璋的目标就是北方的元帝国了。

至于怎么灭掉元朝，在当时有两种方案，其中一种就是常遇春提出的长驱直入、直捣元大都（北京）的主张。朱元璋经过深思熟虑，认为这种方案太冒进，从江南穿过山东和中原，深入河北，风险太大。元朝在大都经营百年，城池坚固，一旦不能速取，孤军深入，补给也几乎不可能，驻守中原、山东和河北的元军必然会切断明军的后路，到时候进退两难，后果不堪设想。所以朱元璋没有采取这种冒进的方法，而是采取稳扎稳打的方式。

中原四面都连接着元朝的地盘，不好打。而山东只有西边和中原相连，所以就先打山东，再取中原。这样一来，函谷关以东、黄河以南就都属于朱元璋的了。按道理，在占据山东和中原后，朱元璋该北渡黄河，直逼北京了。但他没有，他没有忘掉关中这个地方，如果此时朱元璋贸然北上，关中的元军就会东出潼关抄他的后路。所以朱元璋没有急着北上，而是在平定中原之后，去抢占潼关。在占据了潼关后，派重兵把守，把关中的元军堵死在里面，然后挥师北上，一举攻下大都。这时候元朝大势已去，只能退守大漠。最后朱元璋在占领大都之后，才开始向西，逐步收复山西、关中以及陇右，统一了全国。

第二次北伐，是在民国时期。这时岭南已经开发出来了，特别是广州沿海一带，在鸦片战争以后，作为港口城市逐渐发展起来了。所以这一次北伐的大本营在广东。

我们知道，辛亥革命之后，革命党在南京成立了民国政府。但民国政府实际统治范围很小，仅限于江苏一带，其他各个地方都是打着反清的旗号形成了事实上的独立。最主要的是袁世凯领导的北洋掌控着清政府的实际大权，如果袁世凯支持清政府，革命党的前景堪忧；如果袁世凯倒向革命，那清政府就毫无还手之力。经过一番交涉后，作为条件，孙中山让出了大总统的位置，于是袁世凯逼清帝逊位。清王朝就这样亡了，袁世凯站到了革命党的一边。但这只是一时的，或者说是表面的，作为旧式官僚出身的袁世凯并不懂什么叫革命，更不懂什么叫共和，他已经习惯了官僚政治搞权谋那一套，于是收买议员，操纵国会，最终把自己搞成了终身总统。这还不满足，在一帮马屁精的鼓动下，袁世凯最终称帝。虽然是君主立宪的皇帝，不是传统君权至上的皇帝，但谁知道这是不是终点呢？于是全国一片讨伐声。袁世凯在一片讨伐声中病死，手下的北洋军阀分裂成直系和皖系。其他各地方军阀也在这个时候相继形成。各路军阀为争夺地盘，扩充实力，连年混战，民不聊生，中国又进入乱世。

要结束乱世，人们把目光再次投向了革命党。这个时候孙中山已经死了，革命党也改组成了国民党。于是国民党在广州成立了国民政府，并以黄埔军校为基础组建了国民革命军。

在全国的一片呼声中，国民革命军经过一番准备，决定北进中原、统一全国。

当时的形势是：国民党占据岭南，孙传芳占据江东和两淮，吴佩孚占据荆襄、河南、河北，张作霖占据东北、平津和山东，还有西北的冯玉祥和山西的阎锡山也各据一方。

不用说，国民革命军从岭南北上，第一个目标肯定是占据荆襄地区，然后顺江而下控制江东；在控制了整个长江中下游以后再图谋中原。荆襄地区是吴佩孚的地盘，江东是孙传芳的地盘，国民革命军如果同时和两路军阀作战，成功的可能性极小。所以国民革命军最先采取的策略是，利用各军阀之间的矛盾，打击吴佩孚，稳住孙传芳。而这个时候呢，掌控着北京政府的张作霖也希望利用北伐军的力量削弱吴佩孚的势力，江东的孙传芳也乐得坐山观虎斗，保持中立。更难得的是，吴佩孚的主力去西北攻打冯玉祥了，长江沿线兵力空虚。于是国民革命军瞅准时机，毅然北上。

三个月后，国民革命军经过汀泗桥战役、贺胜桥战役、武昌战役席卷湖广，占领了湖南全部、湖北大部。这个时候孙传芳坐不住了，一看形势不妙，忙从苏、浙、皖调兵进入江西，进攻湖南。国民革命军一看正好，也省得再假惺惺地哄着你玩了，反正荆襄已经拿下，和广东连成一片，干脆撕破脸，顺江而下进攻江南。

从1926年8月到第二年3月，历时半年多，国民革命军基本拿下了江南和两淮。这样，整个中国的南方地区都在国民革命军的控制下，形势一片大好，眼看马上就可以挺进中原，胜利在望了。但恰好在这个时候，革命军内部出了问题，这就是宁汉分裂（宁是南京，汉就是武汉）。宁汉分裂的大致过程是：北伐初始，国共合作，到了武汉，革命党就把政府迁到了武汉（因为武汉是辛亥革命的首发地）；在占领整个长江中下游之后，蒋介石开始清党，把共产党和国民党的左派清理出了革命军的队伍，并在南京另立了一个国民政府。宁汉分裂后，北伐大业只能暂停了。

最后，汪精卫掌控的武汉国民政府也和共产党决裂，迁都到南京，与南京国民政府合二为一，这就是宁汉合流。与此同时，被排挤出革命队伍的共产党在南昌发动起义，组建了自己的军队，开始了国共对抗的道路。

宁汉合流后，蒋介石继续担任北伐军的总司令，革命军继续北上，占领了河南。这个时候，西北的冯玉祥宣布加入革命军，山西的阎锡山也宣布加入革命军，两人都接受蒋介石的指挥。蒋介石在徐州誓师，北伐军发起全线总攻，紧接着占领了山东。这个时候的北伐军已经对北京形成了合围之势。张作霖一看情况不妙，仓皇退出北京，想回到东北老家，结果在到达沈阳附近的皇姑屯时，被日本关东军给炸死了。北伐军顺利地进入了北京。半年后，张作霖的儿子张学良在东北通电易帜，宣布效忠南京中央政府，北伐至此大获成功。

说完两次北伐之后，我们再来说一说为什么在中国的历史上，大多数时候都是北方统一南方，只有这两次是南方统一北方。

先说地理上的因素。如果理解我讲的各个地理单元的特点你就会明白，在中国历史上，北方是以中原为核心，南方是以江南为大本营。如果发生南北战争，北方占有绝对的地理优势。我们知道，南北双方的争夺焦点主要有两个，一个是襄阳，一个是江淮。中原地处平原，在这两点之间奔走来往很便捷，距离近，都是平原，北方又多以骑兵为主，历来打仗都不是只攻一点，声东击西是常用的方法。而南方呢，要在这两点之间互相支应就困难得多，从江南到江淮还好说，有运河相连，运兵运粮都容易，但从南京到襄阳就非常不便了，先逆长江而上，再逆汉水而上，行船困难不说，路途又远。两边一旦打起来，北方可以声东击西，南方就疲于奔命，时间一长，南方消耗不起，只能以失败告终。所以中国历史上"王师北定中原日"的例子很少看到。

但也有例外，那就是这两次北伐。两次北伐都发生在宋朝以后，这个不是偶然的现象，正是宋朝以后，南方不仅在经济上超过了北方，最关键的是江南已经成为中国的文化中心。打仗不光是靠经济、军事这些硬实力，还要靠文化这一软实力。宋朝以后，在中国人的心中，江南也是中华文化的代表，江南政权自然就可以代表正统。

这是文化因素，还有一个是军事因素。历来北方都是以骑兵制胜，但是在元朝的时候，蒙古人把马场开到了全国各地，于是南方也产马，也有了骑兵，相比之下，北方在兵种上就不再具备优势了，这是第一次北伐。第二次北伐，已经到了热兵器时代，双方在兵种上也是旗鼓相当。

所以两次北伐之时，虽然北方仍具有地理上的优势，但在文化和经济上已经落后于南方，北伐才有成功的可能。我们可以总结一下，从宋朝以后，一直到第二次北伐，南北双方各胜了两次：北方是蒙古人和满族人各入主中原一次，南方是朱元璋北伐成功一次，国民革命军北伐成功一次。如果把后来的抗日战争和解放战争也算在内的话，也是南北各胜一次。所以说，在宋朝以前，北方占尽地理、文化、经济方面的优势，南方不是对手；但在宋朝以后，南北双方已经不分伯仲了。

第十七章　抗日战争

在中国历史上，地理要素对战争格局影响的例子比比皆是，但要说到利用地理条件改变历史的进程就非抗日战争莫属了。

日本人非常了解中国的历史和地理，所以他们的侵华战争策略也参考了中国历史上游牧民族入侵的经验。

日本人侵华不是临时起意决定的，而是一个长远的阴谋。在甲午战争之后，日本人就计划着如何吞并中国。1900年八国联军侵华之时，日本作为战胜国之一，在战后取得了在京、津一带驻兵的权力。八国联军声称，义和团作乱，滥杀无辜，特别是滥杀洋人，是清政府管理不好自己的国民所致，既然你管不好，为了我们在华洋人的安全，那我们替你管。所以庚子年后，根据《辛丑条约》，八国都可以在京津一带驻军，清政府反而不行，袁世凯被逼得没办法，就在京津大力发展警察，警察不算军队，洋人也无话可说。中国的警察制度正是在这个时候开始的，这在当时是无奈之举，但在历史上却是一个进步。八国在京津一带都有驻军，日本也是其中之一。

庚子国变最大的恶果还不是这个，除了驻军、赔款外，是俄国人趁火打劫占领了东北。占领东北本来是日本侵华的第一步，所以俄国人就成了日本人的眼中钉，于是在1904年，日本人和俄国人在中国东北打了一仗，日本人战胜，从俄国人手中抢走了东北。正是这场战争，让在日本留学的青年鲁迅决心弃医从文。

到了1914年，第一次世界大战爆发，日本人对德宣战。日本人对德宣战不是真的要跑到德国去跟人家开战，而是因为中国的山东。在此之前，德国人取得了在山东的很多特权，特别是青岛。日本人先占领青岛，继而占据山东。也就是在这个时候，原先的八国联军因为家门着火，自顾不暇，基本都从中国撤军了，京、津一带的驻军也只剩下日本人了。

补充一点，无论是俄国人占领东北，还是德国人占据青岛，指的都是在这些地方获得的治外法权，并不是真正占有这里的主权。主权还是清政府的，只不过清政府管不了租借地内部的事务。租借地是零散的，并不是成片的，所以在租借地以外，大量的土地还都是中国政府在管，也有军队。像东北有奉系军阀张作霖，山东有奉系军阀张宗昌。

现在局势已经很明朗了，日本人占领了东北和山东，又在京、津两地有驻军，华北被合围，俨然是唾手可得。

但谁知正是在这个时候，国民革命军一路挺进，北伐成功，中国又统一在国民政府下。日本人的阴谋诡计眼看受阻了，这个时候，再惺惺作态恐怕于事无补，于是干脆撕下面具，在皇姑屯放了个炸弹，先把东北军阀头子张作霖给炸死了，紧接着发动九一八事变，彻底侵占了东北。

九一八事变中张学良不放一枪，把东北丢给了日本人。这一次和以往不同，以往英法联军也好，八国联军也好，他们也占了中国很多地方，但都只是取得治外法权，建立租借地，主权还在中国。但这次日本人侵占东北，是赤裸裸地把这块地方从中国抢走了，建立了一个满洲国，所以这一次激起了中国人极大的愤慨。中国人突然发现：坏了，敌人打进家门了！

从1931年的九一八事变，到1937年的卢沟桥事变之前，日本人先占据了上海，取得上海的驻军权，更为重要的是，随后又占领了山海关和张家口，控制了华北的北大门和东大门，然后鼓动华北独立，想把华北变成第二个满洲国。到1936年，张学良发动西安事变，中国抗日民族统一战线形成。这个时候，日本人不能再等了，于是发动了卢沟桥事变，中日正式全面开战。

抗日民族战线只是完成了中国人精神上的动员，让中国各党各派放下内部矛盾，一致对外，但真要和日本人开打，光靠一腔热血是不行的，还要靠实力说话。

但这个时候，中日实力相差悬殊，如果硬拼，不光死伤不计其数，最后还得亡国，那怎么办呢？国民政府想出的对策就是：以空间换时间。

以空间换时间，就是利用中国特有的地形，拖慢日本人进攻的步伐。

日本是个资源贫乏的国家，打仗不能拖得太久，否则资源接济不上，但他们武器精良，军人训练有素，适合速战速决。中国地广人多，但工业水平落后，装备差，因为贫困，人员的身体素质也很差，训练也不到位，适合持久战。

第一个问题，为什么要以空间换时间？

现代战争不同于冷兵器时代的战争。在冷兵器时代，人口和粮草是最大的战争资源，只要有人，人有饭吃，就可以打仗，至于武器，在战场上打扫回来就可以重复利用。但热兵器时代不同，光有人和粮还不行，枪支弹药都是消耗品，战争的胜负还要看一个国家的工业生产能力。也就是说，后方要有持续供应枪支弹药的能力，如果供应不上，这仗就没法打了。而当时，中国的工业企业全在长江沿线，尤其在长三角一带，中西部的工业几乎为零。一旦战事一起，日本人炸掉沿海沿江的工厂，中国就只有投降的份了。所以以空间换时间的目的，就是要最大限度地拖住日本人的进攻步伐，让我们有时间把长江沿线的工厂迁到内地，迁到大后方去。

还有一点就是集结军队。北伐胜利后，各个地方军阀名义上听从南京中央政府的调遣，实际上仍是各自为政。只有大敌当前，在全国人民一片抗日的呼声中，他们才真正愿意听从中央的号召。南京政府要整编军队，部署兵力，也需要时间。像共产党的军队，就是在这个时候被整编为国民革命军第八路军，简称八路军，后来又改称为国民革命军第十八集团军；新四军是国民革命军陆军新编第四军的简称。国民革命军简称国军，在当时，八路军和新四军都是国军的一部分，由中央统一配发军饷。

最后就是迁都，把首都从南京迁到重庆，做长期抗战的准备。随着首都迁往重庆的还有各个学校、党政机关等，这些都需要时间。

第二个问题，如何利用空间换时间？

我们可以假想一下，日本人已经控制了东北、华北和山东，很轻易地就可以拿下中原，然后以中原为据点，分两路南进，一路经两淮取江南，一路克襄阳取荆襄，不用费太大的力气，就可以控制长江中下游。剩下的地方，可以慢慢收拾残局，基本上也不会遇到太大的阻力。所以，当时日本人说，三个月亡华，不是吹牛，是真有可能。

蒋介石的策略是，不能让日本人从华北趁势南下，因为华北到中原一马平川，无险可守，何况这时已经修了铁路，日本人的装甲部队可以沿铁路飞速南下，中国根本抵挡不住；而是要想办法让日本人从东往西打，沿长江逆流而上，这样日本军队每前进一步都很困难。如果对历史有所了解就应该知道，在中国历史上，由北往南成功的例子举不胜举，而由东往西取胜的例子少之又少。蒋介石就是要让日本人放弃那条最容易走的路，去走那条最难走的路，这样中国方面才会有更多的时间作战略部署。

日本人会听蒋介石的吗？当然不会。于是就有了淞沪会战。

淞沪会战是中日对抗以来，中国第一次主动出击，也是中日开战以来规模最大、战斗最惨烈的一场战役。中日双方共有约一百万军队投入战斗，战役持续了三个月，日军投入八个师团和两个旅团共二十余万人，宣布死伤四万余人；中国军队投入中央军精锐和大批内地省份部队（包括川军、滇军、桂军、粤军、湘军等）合计八十余万人，死伤三十万人。其中蒋介石的中央精锐损失了60%。从这个数字可以看出，中国投入的兵力是日本的四倍，死伤人数却是日本人的七倍，充分地说明了当时中日双方的实力悬殊。打仗不是靠口号，是要见血见肉的。

淞沪会战虽然在战场上失败了，但战略目的却达到了。日本人一开始以为这只是一场小范围的战斗，并没想派驻太多的兵力。随着国民政府兵力的不断增加，日本人也不得不从本土增派兵力。但日本毕竟人口少，本土兵力不够了，最终不得已把华北的兵力也调过来了。这样一来，日本从华北南下的战略意图被打乱了，三个月亡华的计划也彻底失败。

与此同时，阎锡山在山西发起了太原会战。太原会战是华北战场上规模最大的会战，主要包括平型关战役、忻口战役、娘子关战役等。其中平型关战役有八路军第一一五师（师长林彪、副师长聂荣臻）参与。太原会战前后持续两个月，日本参战人数达到十四万，伤亡二万七千人，中国参战人数二十八万，伤亡一十三万人。太原会战虽然以失败告终，但它牵制了华北的日军南下，进一步打乱了日本人由北而南的进攻计划。

淞沪会战后，中国军队退守南京。南京最终也失陷，被迫迁都。到这个时候，日本人的大部分兵力都投在长三角，由北而南的作战计划也彻底失败，于是恼羞成怒，在南京大肆屠杀平民，造成震惊中外的南京大屠杀惨案。

但日本人也不傻，知道沿长江逆流而上困难重重，于是派遣华北的兵力南下，企图与南方的兵力会合。国民政府当然也看清了这一点，于是又派遣大量兵力投入江淮重镇——徐州，以阻断日本南北两股兵力的会合。于是徐州会战爆发了，双方争夺的焦点放在徐州东北方的台儿庄。虽然中国军队一度取得台儿庄战役的胜利，但在日本不断往南北两线增兵的情况下，徐州最终也沦陷了。

更危险的是，在徐州陷落后不久，日军从华北南下，占据了开封。中原眼看就要沦陷了。如果中原沦陷，再加上上海、南京都已失守，整个中国南方就只剩下一个荆襄，肯定也挺不了多久。于是，国民政府炸开了花园口的黄河南岸，洪水滚滚而下，虽然阻挡住了南下的日军，但给黄河中下游的百姓造成了无以计数的损失。这个事件，也是中国抗战史上最大的污点。

没办法，日本人只好沿着长江西进，一路拔下沿江的众多据点，最后到达武汉，武汉保卫战开始了。武汉保卫战的规模比淞沪战役还大，日军参战人数达三十多万人，中国军队达一百一十万人。武汉虽然最终也没能保住，但日本人经过这一战，连病带死损失一十六万人，大伤元气，中日双方从此进入相持阶段。

这个时候的形势是，因花园口黄河决堤，中国南北被阻断。北方（包括华北、山西）的主要城市都掌控在日本人手里，国军只能退守几个小的据点等待时机，大部分的抗日活动就是共产党领导的游击战。主要战场还是在南方，在长江沿线。日本人从上海沿长江深入内地，所占据的主要是长江沿线的一些据点，离长江远一点的山区城镇还有大量的国军部队，以及被打散之后临时组建的游击队，不时地对日本人反击，日本人也是疲惫不堪，难有大规模的用兵举动。

日本人占领武汉之后，主要的攻击目标就是荆襄地区的一些重镇，并相继占领了襄阳、岳阳和宜昌。特别是宜昌，把控着三峡的出口，只要从这里打通三峡通道，上游就是国民政府的战时首都——重庆，一旦占领重庆，中国就完了。日本人也曾试图从宜昌这里仰攻三峡，即使动用了现代化的武器，也没成功，日本人也只好放弃，另想别的办法。

日本终究是资源小国，战时延长，再加上战线过长、兵力不足，此时的唯一目标就是重庆，只要占领重庆，一切问题都迎刃而解。日本人经过仔细的分析，要打入四川盆地，只有三条路可走：

第一条，从山西入关中，再从关中穿秦岭到汉中，最后过剑门关到成都平原。这一条路，除了山西部分据点在日本人手中外，阎锡山的部队还驻守在山西，吕梁地区有大量的共产党游击队，潼关更是一夫当关、万夫莫开，更别说秦岭了，山高水险；即使最终侥幸过了秦岭，前面还有天下最险的剑门关。长路漫漫，孤军深入，后勤补给是个大问题，这一去，必定是九死一生，所以日本人首先放弃了这条路线。

第二条，就是从宜昌仰攻三峡。这是日本人最先考虑的方案，从淞沪战争开始，当日本人被国军牵着鼻子不得已从由北向南改为由东向西开始，日本人就认为，只要沿着长江逆流而上，到达宜昌，从宜昌攻入三峡，就可以直取重庆。更何况当时，国军的水军已经全军覆没，日本人已经完全掌握了长江水道的控制权，有了这条黄金水道，日本人可以从上海调兵，沿水路直接把军队和武器弹药运到宜昌。但日本人显然低估了三峡的防御功能，更何况国民政府在三峡两岸部署了重兵，日本人在宜昌打了几仗后，发现要从这里打入重庆只能是白白浪费生命，而日本人已经兵力不足了，于是就放弃了这一条路线，转而寻求第三条路线。

第三条路线到底有没有呢？还真有，日本人也找着了。日本人发现，如果由岳阳往南，先占领湖南，再由湖南沿湘桂铁路南下进入广西占领桂林，继而占领柳州，柳州这里正好有一条黔桂铁路直通贵州的都匀，而都匀离贵阳仅咫尺之遥，一旦进入云贵高原，就可以由贵州进入四川。

湘桂铁路和黔桂铁路都是战时抢修的铁路，主要目的是为了突破日本人的封锁。日本人控制了长江沿线后，紧接着控制了中国沿海线，中国的战略物资只能通过陆地运进来，这其中最主要的通道就是广西到越南的陆路，以及云南到缅甸的滇缅公路。但湘桂铁路和黔桂铁路修通后，日本人首先看到了战机，准备沿这两条铁路打到贵阳。

从秦始皇统一中国开始，到后来汉武帝征讨西南，以及三国时诸葛亮平定南中，都是从四川进入云贵，这条道路已经存在了两千多年。反过来，从云贵高原居高临下，进入四川更容易。具体来说，从云贵高原去往四川有两条路：一条走贵阳往北，过毕节，沿赤水河而下，到达四川盆地的泸州；另一条，从昆明出发，沿普渡河进入金沙江，再沿金沙江而下，到达四川盆地的宜宾。泸州和宜宾都在长江边上，而且在重庆的上游，从这里既可以进入四川腹地，更可以顺江而下取重庆。

所以在抗日战争时期，贵阳就是重庆的南大门，如果贵阳有失，重庆也难保。日本人选择这条路，虽然有点绕，但不远也不险，再加上武汉、岳阳都在日本人手上，打下湖南就和湖北连成一片，后勤补给也不是问题，于是日本人转而向南，直逼长沙。

长沙会战是中日战争的转折点。在武汉、南昌相继失守之后，长沙成了屏障整个中国大后方的前站，从1939年9月到1944年8月，日本人集结兵力，先后四次对长沙发动攻击。其中前三次中国取胜，这是中日开战以来，中国取得的第一次重大胜利，极大地鼓舞了中国军队的士气，打破了日本人不可战胜的神话，也极大地挫伤了日本人的锐气。也正是在长沙会战之时，日本的伤亡比例开始超过中国。

与此同时，日本人轰炸了美国位于夏威夷的珍珠港，美国被迫卷入第二次世界大战，成了中国的盟友。

第四次长沙会战虽然失败，长沙最终也失守，但从战略上讲，中国军队把日本的主力牵制在湖南战场长达五年，极大地消灭了日军的有生力量，使日本人兵源后继不足，疲态尽显。正是在这个时候，日本军队由于损失惨重，在国内招募了大量的未成年人入伍，训练也不足，日军的战斗力大大降低。当然，中国也耗尽了元气，蒋介石在重庆发动"一寸山河一寸血，十万青年十万军"的运动，号召知识青年参军。知识青年本来是国家留着等战争结束后建设国家用的人才，但现在没办法，年轻人不够了，先打赢这场战争要紧，只好忍痛派他们上战场。

日军占领长沙后，继续向南扑向衡阳。衡阳最终也失守，但日军也遭受重创。

紧接着，日军沿湘桂铁路连下桂林和柳州两大战略要地。

日本人南下广西，其实有两个目的。一个是前面所说的，从广西沿黔桂铁路取贵阳，从贵阳入重庆。

另一个，对日本人来说更要命。时间到了1944年，随着同盟国在世界反法西斯战场的连续反攻，特别是美国军队在太平洋上的节节胜利，日军参谋总部意识到，从东南亚到日本本土的海上交通线迟早会被美国人切断。因此，从东南亚的马来半岛，经中国大陆到朝鲜釜山的大陆交通线，将成为日本人东亚战场的最后生命线，但这条生命线在中国的河南、湖南和广西等地还为中国军队所控制。为此，1944年2月，日军参谋总部向在中国的日军下达了代号为"一号作战"的命令。这一战役，中国抗战史称为豫湘桂大会战。到这个时候，河南和湖南都被日本占了，只剩下广西了。

所以日本人占领柳州后，一部分军队南下，继续打通到东南亚的道路，另一部分沿黔桂铁路直扑贵阳。

日本人从柳州向西，一路凯歌，蒋介石紧急调令军队从重庆南下，最后在都匀以南的独山阻挡住了日军。独山战役成为中日战争日方主动进攻的最后一场战役。此后，日军在中国的土地上再也没能前进一步。

第二年，也就是1945年8月，美国在广岛、长崎投下了两颗原子弹，日本举国人心崩溃，最终无条件投降。至此，历时十四年的抗日战争取得全面胜利。

有人会说，如果没美国的两颗原子弹，日本人不会投降。其实，美国人的两颗原子弹，只不过是加快了战争结束的进程，日本人的主要军队和物资都是消耗在中国战场上的，美国人的主要作用是切断了日本人的海上交通线，使日本陷入孤立无援的境地。以日本狭小的国土，是支撑不起一场旷日持久的消耗战的。在最早的淞沪战役的时候，中日战力悬殊，中国军人每伤亡七个人才会换来一个日本军人的伤亡；到长沙会战的时候，双方的伤亡接近一比一；自衡阳战役开始，中国军队以少胜多的事情经常发生。实际上，到抗战后期，日本已经是强弩之末了，从湖南战场到广西战场，每下一城都费时费力，而且损失惨重。照这种趋势发展下去，日本人迟早是扛不住的。

应该说，中国能取得抗日战争的最终胜利，硬碰硬肯定是不行的，主要靠两个东西：一是中国人不屈不挠的精神，另一个就是很好地利用了中国的地形，将日本人的闪电战拖成了持久战，最终取得了胜利。